DU BEKOMMST, WOFÜR DU DICH ENTSCHEIDEST.

— ICH WILL. ICH KANN. ICH WERDE. —

CHAOS PAUSE

FÜR ZUHAUSE

CHAOS PAUSE FÜR ZUHAUSE

Ausmisten - Ordnung halten - glücklich sein!

Claudia Windfelder von **Haushaltsfee**

Inhalt

Starte jetzt deine persönliche Chaospause!   10

1. Das Chaos loslassen – befreiter leben   12
Warum eigentlich Ausmisten?   14
Dein Warum für die Veränderung: Was ist die Motivation?   16
Ich entscheide mich dazu, das Chaos zu beenden, weil ich ...   17
Das Traumzuhause – da willst du hin!   18
Mein Traumzuhause soll so sein   20
Mein Traumzuhause soll so aussehen   21
Bestandsaufnahme: Wo stehst du in deinem Haushalt?   22
Meine Bestandsaufnahme   23

2. Ausmisten – jetzt wird's praktisch   24
Das richtige Mindset für erfolgreiches Ausmisten   26
Meine Gedanken über meinen Besitz   27
Meine persönlichen Glaubenssätze   29
Die richtigen Fragen   30
Die 4-Boxen-Strategie   32
50 Sachen, die sofort rausfliegen können   34
Meine 50 Sachen, die sofort rausfliegen   36
Wohin mit dem Kram?   38

3. Routinen für mehr Ordnung und Sauberkeit   40
Der Abschied vom perfekten Haushalt   42
Die wichtigsten Helferlein   44
Natürlich reinigen – natürlich besser!   46
Reinigungsmittel selbst herstellen   47
10 Dinge, bei denen natürliche Reiniger helfen   49
Meine Rezepte für natürliche Reiniger   51
9 Kniffe, um neues Chaos zu vermeiden   52
Tagesroutinen für Küche & Essbereich   54
Tagesroutinen für das Badezimmer   57
Tagesroutinen für das Wohnzimmer   58
Tagesroutinen für Flur & Garderobe   60
Tagesroutinen für das Schlafzimmer   62
Tagesroutinen für das Kinderzimmer   64
Checkliste: Tagesroutinen für Küche & Essbereich   66
Checkliste: Tagesroutinen für das Badezimmer   67
Checkliste: Tagesroutinen für das Wohnzimmer   68
Checkliste: Tagesroutinen für Flur & Garderobe   69
Checkliste: Tagesroutinen für das Schlafzimmer   70
Checkliste: Tagesroutinen für das Kinderzimmer   71
Wochenroutinen sind der neue Großputz!   72
Checkliste: Wochenroutinen   74

VERSCHENKEN

4. Den Alltag im Griff   76

Menüs planen: Was kochen wir wann?   78

Unsere Lieblingsgerichte für Alltag und Feiertage   80

Geplante Menüs für die Woche   81

Was müssen wir einkaufen?   82

Was lagert wo im Kühlschrank?   84

Müll richtig trennen   86

Den täglichen Abfall reduzieren   90

Was ich in Zukunft anders machen will, um Müll zu reduzieren   93

Waschen und Bügeln: Wie und wie am schnellsten?   94

Heute wasch ich, morgen bügel ich ...   97

Schul- und Arbeitstage organisieren   98

Mein Plan für Schul- und Arbeitstage   99

Aufgaben delegieren   100

Unser Aufgabenplan: Wer macht was   102

Die 3 Grundregeln für Deko-Queens   104

5. Finanzen und Dokumente unter Kontrolle   108

Das monatliche Budget einhalten   110

Davon träume ich   114

Mein Sparplan   115

Geld sparen & Ressourcen schonen – ganz praktisch!   116

So spare ich in Zukunft Energie, Geld und Ressourcen ein!   120

Papierkram erledigen – mit System!   122

6. Die neue Ordnung erhalten und tracken   126

Meine Tagesroutinen: Monatstracker   128

Meine Wochenroutinen: Jahrestracker   130

Meine Finanzen: Monatstracker   132

Meine Finanzen: Jahrestracker   134

Mein Ressourcen-Einsparplan: Monatstracker   136

Buchempfehlungen für dich   138

Der Verlag   139

Über die Autorin   140

Impressum   140

ENTSORGEN

HAUSHALTS BUCH

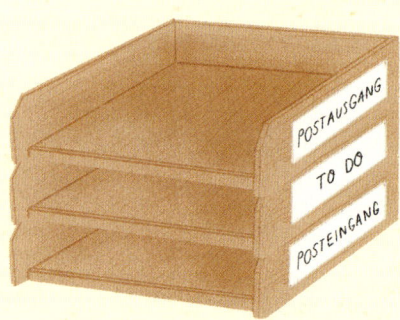

POSTAUSGANG

TO DO

POSTEINGANG

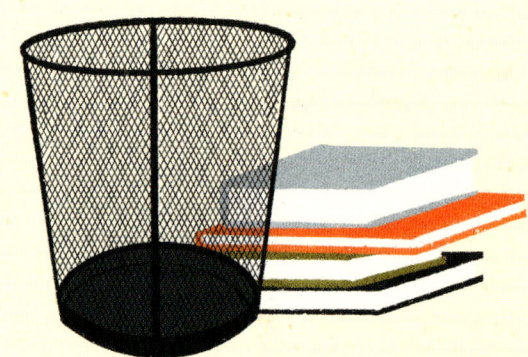

SAUBER

VERKAUFEN

Starte jetzt deine persönliche Chaospause!

Wir alle wünschen uns ein sauberes, ordentliches Zuhause, in dem wir uns wohlfühlen, zur Ruhe kommen und unseren Gedanken ungehindert freien Lauf lassen können. Das uns Zeit lässt, um die Zeit mit unserem Partner und unserer Familie zu genießen, Pläne für unser Leben zu schmieden, uns darüber klar zu werden, was uns im Leben wichtig ist.
Die Realität sieht aber leider oft anders aus: Chaos ist an der Tagesordnung, wir sehen uns um und wissen nicht, wo wir anfangen sollen mit dem Schaffen von Ordnung und dem Wegräumen und Verwalten von Dingen, die wir eigentlich nicht brauchen und die uns nur den Platz nehmen – wörtlich im Zuhause selbst, sinnbildlich in unserem Kopf und in unserem Leben. Wir fühlen uns, als würden wir gegen Windmühlen kämpfen: Kaum ist eine chaotische Ecke beseitigt und sieht ordentlich aus, kann man auf der anderen Seite schon wieder von vorne anfangen mit dem Aufräumen.

Doch egal ob kleine Wohnung oder großes Familienhaus: Ordnung ist kein Hexenwerk – versprochen! Und mit diesem Buch entdeckst auch du die Geheimnisse hinter einem Wohlfühlzuhause, das mehr Freude macht als Arbeit. Du bekommst hier eine umfassende „Werkzeugkiste" an die Hand, um deinen Haushalt und dein Leben in den Griff zu bekommen und dir Zeit zu verschaffen für das, was wirklich wichtig ist im Leben: für deine Ziele und deine Träume und für das Leben mit deinen Liebsten. Viele Denkanstöße und Seiten zum Ausfüllen helfen dir dabei zu ermitteln, wo du gerade stehst, wo du hinwillst und wie du diese Ziele erreichen kannst. Du findest praktische Checklisten, mit denen du das Chaos Schritt für Schritt und Raum für Raum in Ordnung und Klarheit verwandeln und diese neue Struktur auch beibehalten kannst. Und die praktischen Tracker am Ende des Buches helfen dir dabei, deine Ziele und Pläne motiviert zu verfolgen, denn jeder Tag, den du geschafft hast, wird hier sichtbar gemacht. Feiere deine kleinen und großen Erfolge!
Sie sind die Basis für ein befreites, glückliches Leben.

Das **Chaos loslassen** – befreiter leben

Zunächst ist es wichtig zu verstehen, warum es so wichtig ist, auszumisten und alten Ballast abzuwerfen. Dass du nur dann künftig befreiter leben kannst, wenn du loslässt und herausfindest, was du wirklich willst für dich und dein Leben. Wie du es schaffst, deine Träume zu verwirklichen, fernab von Konsum und Chaos. Wie du dir ein Traumzuhause schaffst, das als Basis für dieses erfüllte, befreite Leben deinen Rückzugsort darstellt, das dir Erholung ermöglicht und dich inspiriert.

Male dir ganz konkret aus, wie es aussehen müsste, ein solches Zuhause, und visualisiere es mithilfe der Anregungen und Fragestellungen in diesem Kapitel.

Zu Beginn sollest du zudem einen Realitätscheck machen: Überprüfe, wo du gerade in deinem Haushalt stehst, wo es hakt und wo du dir Veränderungen wünschst, damit das Chaos endlich ein Ende hat und Klarheit, Ruhe sowie Raum für deine Träume einziehen können.

Warum eigentlich **Ausmisten**?

Stell dir vor, du könntest glücklicher und entspannter sein, wenn du deinen Haushalt in Ordnung hättest. Wenn das Chaos dort endlich ein Ende hätte. Du weniger besitzen, putzen und organisieren müsstest. Du einfach flexibler wärst, auch in den Entscheidungen rund um dein Leben. Wie fühlt sich das für dich an?

In der Realität sind wir viel zu oft getrieben von außen. Auf allen Kanälen werden wir mit Werbung dafür überflutet, was uns noch zu unserem Glück fehlt. Kreditkarten und Konsumkredite für alle möglichen Wünsche machen unnütze Anschaffungen ganz einfach, selbst wenn wir es uns nicht leisten können und es vor allem auch nicht brauchen.
Sieht man mal genauer hin, dann wird der kurzfristige positive Effekt solcher „Glückskäufe" früher oder später zu Ballast in Form von vollgestopften Schränken, überfüllten Ablageflächen, eines vollen Kleiderschranks und „nichts anzuziehen", zu viel Kinderspielzeug. Kurz: Chaos pur!

Das Putzen und Organisieren dieses ganzen Krams nimmt immer mehr Zeit in Anspruch. Wir werden immer unflexibler, außerdem machen wir Überstunden oder nehmen einen Nebenjob an, weil das Geld nie reicht. Am Abend sitzen wir erschöpft auf der Couch und sind frustriert, weil wir den Haushalt und das Leben nicht mehr im Griff haben. Auch unsere Gesundheit und unsere sozialen Beziehungen leiden darunter.
Sei ehrlich zu dir selbst: Findest du dich darin wieder? Wie geht es dir damit?

Die Lösung: Ausmisten und Vereinfachen, für mehr Ordnung und Klarheit in deinem Zuhause und deinem Leben. Mit einem schlichteren Lebensstil gewinnst du auch die Kontrolle über deinen Haushalt und dein Leben zurück.

Ausmisten ist nichts, was von heute auf morgen passiert. Es ist ein Prozess, der seine Zeit braucht, der auf allen Ebenen wirkt und dir ganz neue Sichtweisen und Möglichkeiten eröffnet. Ein Prozess, der dich zum Wesentlichen zurückführt und zu dir selbst. Gib dir Zeit, aber fange an.

14

Den Ballast aus der Vergangenheit loszulassen, ist das Fundament für ein aufgeräumtes Zuhause, in dem du dich wohl fühlst. Und dieses brauchst du, um so zu leben, wie du es willst.
Ein ausgemistetes Zuhause bringt dir ...

mehr Zeit für Alltägliches

Mit mehr Ordnung und Struktur im Haushalt hast du schneller Zugriff auf die Dinge, die du brauchst, und du benötigst weniger Zeit zum Aufräumen und Putzen.

mehr Freizeit

Du bist spontaner und kannst Unternehmungen und Verabredungen mit Freunden besser in deinen Alltag integrieren.

mehr Klarheit für deine Gedanken und deine Projekte

Du hast den Kopf frei für das, was dir wirklich wichtig ist, privat (z. B. gesündere Ernährung, mehr Fitness) wie beruflich (z. B. die lang ersehnte Weiterbildung, ein neuer Job).

mehr Genuss und Wohlbefinden

Du hast mehr Zeit für die schönen Dinge im Leben, die dir gut tun, z. B. für deine Hobbys oder Reisen und Ausflüge mit deinen Lieben.

mehr Flexibilität

Weniger zu besitzen macht auch (räumliche) Veränderungen einfacher, etwa Umzüge, ob innerhalb der Stadt oder gar in ein anderes Land.

mehr Geld

Je weniger du besitzt, desto kleiner kann dein Zuhause ausfallen und desto seltener musst du etwas anschaffen. Das gibt dir die Freiheit, weniger zu arbeiten, den vielleicht nicht ganz so lukrativen Traumjob doch noch anzunehmen oder dich selbstständig zu machen.

weniger Verantwortung

Weniger Besitz bedeutet auch weniger Verantwortung für Wartung, Pflege und Versicherung. Das spart wiederum Aufwand, Zeit und Geld.

FANG AN, ANZUFANGEN.

15

Dein Warum für die Veränderung:
Was ist die **Motivation**?

SCHRITT 1:

FRAGE DICH SELBST NACH DEM WARUM

Du möchtest in deinem Zuhause und deinem Leben etwas verändern. Was motiviert dich dazu, was ist dein Wunsch, das Ziel, das du erreichen möchtest?

Erst wenn du dein ganz persönliches Warum für die Veränderung kennst, wird dir dieser Prozess gelingen. Das Warum ist deine Schlüsselmotivation und die Belohnung ist dein Traumzuhause, das genau so ist, wie du es brauchst und haben möchtest; beide, das Warum und dein Traumzuhause, unterstützen dich dabei, durchzuhalten auf dem Weg zu mehr Ordnung und Sauberkeit, auch wenn es mal nicht so rund läuft.

Mit deinem Traumzuhause beschäftigen wir uns gleich noch; jetzt geht es erstmal um deine Schlüsselmotivation. Je intensiver du dich mit diesem Warum beschäftigst, umso schneller wirst du herausfinden, was du im Leben wirklich willst und was dir wichtig ist.

Frage dich darum zuerst:
Möchte ich mehr Zeit für meine Hobbys haben?
Möchte ich mehr Zeit mit meiner Familie verbringen?
Möchte ich mich räumlich verkleinern?
Möchte ich mehr Geld zur Verfügung haben, z. B. für Reisen?
Möchte ich meine Arbeitsstunden reduzieren?

SCHRITT 2:

VISUALISIERE DEINE MOTIVATION

Erlaube dir, groß zu denken, und visualisiere nun, wovon du konkret träumst: Du kannst es aufschreiben oder auch skizzieren. Es geht nicht darum, ein perfektes Bild zu bekommen – es geht nur darum, dass du dir im Klaren darüber bist, wofür du das alles tust.

Nutze die rechte Seite dafür, deine Motivation zu formulieren und zu visualisieren: mit Skizzen, Stichworten, Fotos, Sprüchen, einem Brief an dich selbst oder, oder, oder.
Sieh dir diese Seite immer wieder an: So lenkst du deine Energie und dein Tun darauf und kommst deinem Ziel Schritt für Schritt näher.

Ich entscheide mich dazu, das Chaos zu beenden, weil ich …

Das **Traumzuhause** – da willst du hin!

Das Traumzuhause ist das zweite Tool, das dich dabei unterstützt, dem Chaos wirklich ein Ende zu bereiten. Es ist dein Rückzugsort und dein Wohlfühlort, es passt zu deinen Plänen und Zielen und unterstützt dich darin, anstatt dich mit noch mehr Arbeit, zusätzlichem Aufwand und unguten Gefühlen der Überforderung auszubremsen.

Je nachdem, was deine Wünsche für dein Leben sind, sieht auch dein Traumzuhause unterschiedlich aus. Vielleicht wohnst du bereits in deinem Traumzuhause und brauchst nur noch ein paar kleine Veränderungen, damit es dich in deinem Leben optimal unterstützt. Vielleicht denkst du aber auch schon länger über einen Umzug nach. Oder du weißt einfach nicht so recht, wie dein Traumzuhause aussehen müsste, weil du nicht weißt, was dir wichtig ist im Leben. Was auch immer du brauchst, wir werden es nun herausfinden!

SCHRITT 1:
FRAGE DICH, WAS DU BRAUCHST

Sowohl praktische als auch emotionale Gründe spielen eine Rolle, wenn man sich einen Platz zum dauerhaften Leben aussucht, und immer ist ein Traumzuhause sehr individuell.
Magst du es ruhig oder bist du lieber mitten im Leben? Lebst du allein oder mit Partner oder gar Kindern? Hast du gerne Platz um dich herum und findest du offene Räume gemütlich, oder reichen dir wenig Fläche und kuschelige Ecken? Ist es dir wichtig, draußen sein zu können? Welchen Stil magst du?

Stelle dir folgende Fragen, um zu erkennen, wie dein individuelles Traumzuhause aussieht:

Wo möchte ich wohnen?
- Ort / Land
- urban / ländlich
- allein / in Gesellschaft
- ...

18

Wie möchte ich wohnen?
- viel Platz / wenig Platz
- Wohnung / Haus
- Balkon / Terrasse / ohne Grün
- einzelne, abgeschlossene Räume / offene Strukturen
- ...

Wie soll das Zuhause eingerichtet sein?
- Gebäudestil
- Möbel
- Farben
- Stoffe
- ...

Worin soll es mich unterstützen?
- kurzer Arbeitsweg / Distanz zur Arbeit
- Erholung nach Feierabend / optimale Bedingungen fürs Arbeiten von zuhause
- gesellschaftliches Leben / Ruhe und Stille
- ...

SCHRITT 2:
BESCHREIBE DEIN TRAUMZUHAUSE

Notiere auf der nächsten Seite zunächst, welche Merkmale dein Zuhause haben muss, um ein echtes Traumzuhause zu werden. Sei dabei möglichst konkret und detailliert und erlaube dir auch (scheinbar) unmögliche Wünsche.
Wenn dein aktuelles Zuhause bereits etwas davon erfüllt, schreibe das Merkmal hier trotzdem nochmal auf und kennzeichne das entsprechend.

SCHRITT 3:
VISUALISIERE DEIN TRAUMZUHAUSE

Du kannst die Wirkung deiner Träume noch verstärken, indem du sie visualisierst. Male dein Traumzuhause dafür auf der nächsten Seite auf oder erstelle aus allem möglichen Bildmaterial, das du findest, eine bunte Collage. Wie fühlt es sich an, wenn du in deinem Traumzuhause lebst?

Mein Traumzuhause soll so sein

Mein Traumzuhause soll so aussehen

Bestandsaufnahme:
Wo stehst du in deinem Haushalt?

Bevor du damit loslegst, das Chaos in deinem Haushalt zu beseitigen, brauchst du Klarheit darüber, wo du in deinem Haushalt stehst. Sieh dir zunächst einmal alle Räumlichkeiten deines Haushalts an, auch die Stauräume, und stelle dir folgende Fragen – die Antworten kannst du rechts notieren:

Wo sind meine „Hot Spots", also die Kramecken, in denen sich alles stapelt?

Erfreue ich mich an den Dingen, die ich habe, ob gekauft, geerbt oder geschenkt bekommen?

Wieviel Zeit benötige ich aktuell für das Aufräumen und das Putzen?

Bin ich überfordert oder überwältigt von dem, was ich sehe?

Was habe ich bereits gut im Griff?

22

Wo läuft es noch nicht so gut?

Was sehe ich, ganz sachlich und nüchtern betrachtet?

Meine Bestandsaufnahme

**Das Wichtigste dabei:
Sei ehrlich mit dir!**

Ausmisten –
jetzt wird's praktisch

Der Einstieg ins Ausmisten ist für die meisten von uns schon die erste Hürde und eine echte Herausforderung: Wir wissen nicht, wo und wie wir anfangen sollen und wie wir mit dem, was wir ausmisten, dann umgehen sollen.

Um diese Hürde, die vor allem mental, im Kopf, besteht, zu überwinden, ist es wichtig, sich klarzumachen, warum man ausmisten möchte und wofür man den ganzen Raum, den man sich damit zurückerobert, sinnvoller und für einen selbst schöner nutzen kann. Um das zu erkennen, braucht es nur ein paar Denkanstöße, gezielte Fragen, die es einem erleichtern, sich von Dingen zu trennen. Und ruckzuck hat man 50 Dinge gefunden, die im eigenen Zuhause überflüssig und verzichtbar sind und uns Raum zurückgeben können!

Die 4-Boxen-Strategie ist dabei ein sehr praktisches und nützliches Werkzeug und klärt auch die große Frage, die am Ende jedes Ausmistens steht: Wohin mit dem ganzen Kram?

Das **richtige Mindset** für erfolgreiches Ausmisten

Oft hält uns unsere Denkweise über die Dinge, die wir besitzen und horten, davon ab, den unnützen Kram loszulassen. Mit den folgenden Denkanstößen identifizierst du, was eigentlich dahinter steckt, dass du all diese Dinge bislang noch nicht einfach aus deinem Zuhause verbannt hast.

SCHRITT 1: MACH DIR GEDANKEN ÜBER DEINEN BESITZ

Wenn ich mehr besitze, bin ich glücklicher.
Überlege dir, wie lange dich ein neu gekauftes Teil glücklich macht. Welchen Aufwand bringt es nach dem Kauf mit sich, für Organisation, Unterbringung, Sauberhalten?

Ich definiere mich über meinen Besitz.
Ist der ganze Kram nicht einfach nur im Außen? Bist du wirklich, was du besitzt? Wer bist du dahinter und wer willst du sein?

Ich will mit anderen mithalten.
Ist es gesellschaftlicher Druck, der dich zum Konsum drängt? Willst du dazugehören? Ist es das wert, dafür unnützes Zeug zu kaufen, zu horten und die Verantwortung dafür zu tragen? Wie viel davon macht dir selbst Freude?

Es hat doch viel Geld gekostet.
Wenn du es nicht loslässt, bekommst du das Geld dann wieder? Nutzt dir das Geld in dieser Form noch oder belastet es dich eher? Das Geld ist doch ohnehin längst ausgegeben. Wenn du es verkaufen kannst, bekommst du zumindest einen Teil des Kaufpreises wieder.

Der Kram gibt mir Sicherheit.
Meinst du, du wirst es irgendwann mal brauchen, hebst du es auf für „den Fall, dass"? Meist tritt dieser Fall ja doch nie ein, und du schleppst es einfach als Ballast für ewig mit dir herum.

Die Hausarbeit und mein Leben lassen mir keine Zeit, mich damit zu beschäftigen.
Wo steckst du deine Zeit und Energie in die Verwaltung von Kram, in Putzen, in Aktivitäten und Kontakte, die dir nicht gut tun? Investiere diese Zeit zunächst einmal ins Loslassen. Denn je weniger du besitzt, desto mehr Zeit hast du für Dinge und Menschen, die dir wirklich wichtig sind.

Ich möchte jeden Platz in meinem Zuhause ausnutzen.
Wenn noch irgendwo ein freier Platz in deinen vier Wänden ist, möchtest du ihn besetzen? Möchtest du nicht lieber Freiheit spüren und auch sehen durch eine vereinfachte, weniger wuselige Umgebung?

Meine Gedanken über meinen Besitz

Notiere hier, welche Gedanken du über deinen materiellen Besitz hast, und hinterfrage, ob sie tatsächlich wahr sind. Dies wird dir Klarheit bringen und das Loslassen vereinfachen.

SCHRITT 2:
SPÜRE NEGATIVE GLAUBENSSÄTZE AUF UND WANDLE SIE UM

Wenn wir eine Veränderung anstreben, dann halten uns oft negative Glaubenssätze davon ab, ins Tun zu kommen. Meist ist es auch ganz bequem, in unseren alten Mustern zu verharren, denn so müssen wir uns nicht mit uns selbst auseinandersetzen.

Doch wenn es um Veränderung geht, ist es wichtig, solche Blockaden aufzuspüren und zu überwinden. Oft handelt es sich um Glaubenssätze oder Ausreden, die wir über die Jahre „pflegen" und die dann zur „selbsterfüllenden Prophezeiung" werden, weil wir sie verinnerlicht haben und unbewusst danach handeln.

Es wird nicht LEICHTER. Du wirst BESSER.

Die gute Nachricht ist: Was wir zu uns selbst sagen, ist meist nicht die Wahrheit. Wir sagen und denken es aus Gewohnheit. Doch diese Muster können wir durchbrechen, unsere Sichtweise verändern und handlungsfähig werden.

HÖR NICHT AUF, WENN ES WEH TUT. HÖR AUF, WENN DU FERTIG BIST.

Ausreden, die wir uns gegen das Ausmisten gerne zurechtlegen, sind zum Beispiel:
- **Ich habe keine Zeit.**
- **Ich bin nach der Arbeit zu müde dafür.**
- **Ich habe schon immer Kram gehortet.**
- **Es ist ohnehin nicht nachhaltig, meine Kinder bringen ständig etwas Neues nach Hause.**

Es gilt, diese negativen Gedanken „umzupolen" und in eine positive Richtung zu lenken.

- **Notiere deine negativen Gedanken rund um das Thema Gerümpel und Ausmisten: Welche Glaubenssätze und Ausreden hindern dich daran, Ordnung zu schaffen und zu halten? Woher kommen sie? Sind sie anerzogen oder gelernt? Sind diese Gedanken wirklich wahr?**
- **Formuliere die Gedanken positiv um, z. B. „Ich habe täglich 15 Minuten Zeit zum Ausmisten."**
- **Lies dir die positiven Gedanken immer durch, bevor du dich ans Ausmisten machst, und immer dann, wenn sich die negativen Sätze in deinem Kopf ausbreiten wollen.**

ICH WILL. ICH KANN. ICH WERDE.

ES GIBT EINEN TAG, AN DEM ALLES ANDERS WERDEN KANN.

DIESER TAG IST IMMER HEUTE.

Meine persönlichen Glaubenssätze

> **W**ir sind nicht auf der Welt, um so zu sein, wie andere uns haben wollen.

DU BEKOMMST, WOFÜR DU DICH ENTSCHEIDEST.

Die **richtigen** Fragen

Um das Ausmisten und Loslassen zu vereinfachen, brauchst du zuerst einmal Klarheit darüber, was sich überhaupt in deinem Zuhause befindet und was du davon tatsächlich noch benötigst.

Es gibt ein paar allgemeine Fragen, mit denen du immer wieder überprüfen kannst, ob du ein Ding noch brauchst oder ob du es loslassen kannst.

Wird es noch regelmäßig benutzt?
Wird es generell noch benötigt?
Funktioniert es noch einwandfrei?
Bereitet es dir Freude?

Zusätzlich kannst du je nach Zimmer ganz konkrete Fragen stellen, mit denen du überflüssige Dinge leichter identifizieren kannst:

1. IN KÜCHE & ESSBEREICH:
- Was gibt es doppelt?
- Gibt es sinnlose Einzelteile?
- Magst du das Material, z. B. die Beschaffenheit deiner Aufbewahrungsbehälter?
- Magst du deine Dekoration?

2. IM WOHNZIMMER:
- Magst du deine Dekoration?
- Gibt es hier Zeitschriften, Zeitungen oder Bücher, die du nicht mehr liest?
- Welche der elektronischen Geräte hier benutzt du noch?

3. IM FLUR & AN DER GARDEROBE:
- Welche Schuhe und Jacken trägst du tatsächlich?
- Gibt es Jacken, die abgetragen, unansehnlich und verschlissen sind?
- Welche Accessoires benutzt du noch?

Ausmisten ist ein Prozess, der seine Zeit braucht. Es ist keine Schnellaktion, die über das Wochenende zu bewältigen ist. Denke nur daran, wie lange es gedauert hat, all den Kram anzuhäufen!

4. IM BADEZIMMER:

- Verwendest du all diese Kämme und Bürsten?
- Gibt es angebrochene Fläschchen, die da schon sehr lange stehen?
- Hast du Kosmetik, die du eh nie benutzt?

5. IM SCHLAFZIMMER:

- Ziehst du das gerne an, was da in deinem Kleiderschrank ist?
- Trägst du deinen Schmuck?
- Was lagert unter dem Bett und auf dem Schrank?

6. IM KINDERZIMMER:

- Gibt es defektes Spielzeug?
- Welche Klamotten sind für dein Kind mittlerweile zu klein?
- Sind die Bücher noch altersgerecht und werden sie noch gelesen?

7. IM ARBEITSBEREICH:

- Hast du zu viel Büromaterial wie Heftklammern, Gummis etc.?
- Bewahrst du Unterlagen auf, z. B. von der Ausbildung, die du nicht mehr benötigst?

8. IN DER WASCHKÜCHE:

- Nutzt du die Waschmittel noch?
- Gibt es überflüssige Lappen oder Schwämme?
- Sind Putzutensilien defekt?

9. IM ABSTELLRAUM:

- Werden die Reste von Tapeten, Parkett, Fliesen etc. zeitnah benötigt?
- Stehen hier noch immer ein paar unausgepackte Umzugskisten herum?
- Betreibst du die Hobbys noch, für die du hier Zubehör lagerst?

10. IM GARTEN ODER AUF DEM BALKON:

- Stehen kaputte Gartengeräte herum?
- Lagerst du alte, nicht mehr benutzbare Reste von Blumenerde?
- Stehen kaputte Blumentöpfe herum?

Die **4-Boxen-Strategie**

Wenn du beim Ausmisten systematisch und gezielt vorgehst, erzielst du schnell kleine Erfolge und bleibst so motiviert und am Ball.

AUSMISTEN NACH RÄUMEN VS. AUSMISTEN NACH EINHEITEN

Das Ausmisten nach Räumen hat den Vorteil, dass du irgendwann mit einem Raum komplett fertig bist. Allerdings kann das auch mal länger dauern. Wenn du dir hingegen eine kleinere abgeschlossene Einheit vornimmst, z. B. eine Schublade, ein Regal oder auch den Raum unter der Spüle, siehst du den Unterschied in kürzester Zeit.

ZEITLICHE ORGANISATION

Du kannst dir täglich ein Zeitfenster für das Ausmisten einplanen, etwa von 15 bis 30 Minuten; das bietet sich für die kleinen Einheiten an. Alternativ hältst du dir einmal pro Woche ein paar Stunden frei, in denen du dann mehr bewältigen kannst, z. B. den Kleiderschrank oder den Keller. Wichtig ist immer, dass du das Zeitfenster fest in deinen Kalender einträgst und ihn auch nicht für etwas anderes verschiebst. Plane außerdem eine Belohnung für dich ein, wenn du ein größeres Projekt geschafft hast.

WOHIN MIT DEM KRAM?

Um das Ausgemistete loszuwerden, empfiehlt es sich, beim Aufräumen die 4-Boxen-Strategie zu verfolgen. Suche dafür vier Kisten, Kartons oder ähnliche Behältnisse zusammen und teile jedem eine andere Kategorie zu. So kannst du deinen Kram direkt beim Ausmisten vorsortieren.

Die Leitfragen für die 4-Boxen-Strategie:
Was kommt an einen anderen festen Platz in deinem Zuhause?
Was kann deinen Haushalt definitiv verlassen?

Box 1: Behalten = (neuer) fester Platz
Hier kommt alles hinein, was sich momentan nur am „falschen" Platz befindet. Wenn du mit deiner Einheit oder deinem Raum fertig bist, wird das jeweilige Teil an seinen ggf. neuen, „festen" Platz gebracht.

Box 2: Verkaufen
In diese Box kommt alles, was noch intakt ist, was du aber nicht behalten möchtest: Das können sein: Bücher, DVDs und Spiele, die nicht mehr genutzt werden; Kleidungsstücke, die nicht mehr passen oder gefallen; Kinderspielzeug, das nicht mehr altersgerecht ist; gut erhaltene Küchengeräte, die du nicht mehr benötigst, usw.

Box 3: Verschenken oder Spenden

Hier sammelst du die Teile, die du nicht mehr verkaufen kannst oder willst, über die sich aber vielleicht noch jemand freut, der es nicht so gut hat im Leben. Das können sein: Kleidung und Haushaltswaren für soziale Einrichtungen; Decken und Handtücher für Tierheime; andere Gegenstände, für die dir spontan jemand aus dem Freundeskreis einfällt, dem das gefallen könnte, usw.

Box 4: Entsorgen

In diese Box sollte alles wandern, was nicht mehr brauchbar oder kaputt ist. Sie sollte immer deine letzte Wahl sein.

Dinge zu verkaufen ist mit Aufwand verbunden. Überlege, ob dir das die Mühen wert ist, und entscheide dich im Zweifel fürs Spenden oder Verschenken, das geht in der Regel schneller und gibt dir auch noch ein gutes Gefühl.

Nach jeder fertigen Einheit werden die Kisten „entleert", du kümmerst dich also darum, wie du die aussortierten Dinge möglichst schnell aus dem Haus bekommst. So vermeidest du, Teile zurückzuholen, und dass andere Familienmitglieder anfangen zu „stöbern". Stelle Artikel, die du verkaufen oder verschenken möchtest, zeitnah in der passenden Internet-Verkaufsplattform ein oder schalte eine Anzeige in der Wochenzeitung, und setze dir eine Frist, bis wann das Teil verkauft sein soll. Hast du damit keinen Erfolg, versuche es nicht zu lange, sondern verschenke oder spende die Sachen.

33

50 Sachen, die **sofort rausfliegen** können

IN KÜCHE & ESSBEREICH:

1. einzelne Teller und Tassen
2. Duplikate, z. B. Korkenzieher
3. nie benutzte Kochbücher
4. lose Rezeptblätter
5. beschädigte Pfannen oder Töpfe
6. Kassenzettel von den letzten Einkäufen
7. Gewürze, die du nie verwendest
8. abgelaufene Nahrungsergänzungsmittel

> Wenn du noch die Wahl hast, schaffe dir ein Multifunktionsgerät an statt vieler Einzelgeräte.

IM WOHNZIMMER:

9. CDs und DVDs, die du nicht mehr anhörst oder anschaust
10. Bücher, die du nicht mehr lesen willst
11. veraltete Zeitschriften
12. überflüssige und ungeliebte Dekoartikel
13. alte Tischwäsche

IM FLUR & AN DER GARDEROBE:

14. abgetragene Schuhe und Jacken
15. löchrige Handschuhe
16. die meisten der zahllosen Einkaufsbeutel
17. Werbung aus dem Briefkasten

> Stelle im Flur eine Altpapierbox auf, so kannst du Werbung und unerwünschte Post direkt entsorgen.

IM BADEZIMMER:

18. Gratisproben
19. ungenutzte Kosmetika
20. unansehnliche Handtücher
21. abgelaufene Medikamente
22. nie benutzte Haarbürsten und Kämme

IM SCHLAFZIMMER:

23. löchrige und verwaiste Socken
24. Strumpfhosen mit Laufmaschen
25. nicht mehr passende Kleidung
26. ausgeleierte Unterwäsche
27. alte Bettwäsche

28. überflüssige Kleiderbügel
29. nie verwendete Gürtel
30. veraltete Krawatten und Fliegen

Achte beim Kleiderkauf darauf, vielseitig kombinierbare und möglichst zeitlose Stücke auszuwählen.

IM KINDERZIMMER:

31. nicht mehr passende Kleidung
32. kaputtes Spielzeug
33. alte Mal- und Bastelarbeiten
34. überholtes Schulmaterial

Fotografiere Malereien und Bastelleien und bewahre sie so auf; nur die schönsten Stücke des aktuellen Jahrs oder Schuljahrs werden aufgehoben.

IM ARBEITSBEREICH:

35. überholte Telefonbücher
36. ausgetrocknete Stifte
37. überholtes Lernmaterial

38. veraltete Unterlagen
39. nicht mehr zu den aktuellen Geräten passende Ladekabel
40. Geräteumverpackungen
41. nicht mehr zu den aktuellen Geräten passende Bedienungsanleitungen
42. überflüssige Heftklammern, Gummibänder usw.

IN DER WASCHKÜCHE:

43. ungenutzte Waschmittel
44. überflüssige Lappen oder Schwämme
45. überflüssige Putzmittel

Steige auf Allzweckreiniger um, diese ersetzen einige Flaschen.

IM ABSTELLRAUM:

46. ungenutzte Sportgeräte
47. übrige Farbeimer und Tapetenreste

IM GARTEN ODER AUF DEM BALKON:

48. kaputte Gartenmöbel und -geräte
49. ausgediente Blumentöpfe
50. alt gewordene Blumenerde

35

Meine 50 Sachen, die sofort rausfliegen

	Verkaufen	Verschenken	Entsorgen
1.	☐	☐	☐
2.	☐	☐	☐
3.	☐	☐	☐
4.	☐	☐	☐
5.	☐	☐	☐
6.	☐	☐	☐
7.	☐	☐	☐
8.	☐	☐	☐
9.	☐	☐	☐
10.	☐	☐	☐
11.	☐	☐	☐
12.	☐	☐	☐
13.	☐	☐	☐
14.	☐	☐	☐
15.	☐	☐	☐
16.	☐	☐	☐
17.	☐	☐	☐
18.	☐	☐	☐
19.	☐	☐	☐
20.	☐	☐	☐
21.	☐	☐	☐
22.	☐	☐	☐
23.	☐	☐	☐
24.	☐	☐	☐
25.	☐	☐	☐

	Verkaufen	Verschenken	Entsorgen
26.	☐	☐	☐
27.	☐	☐	☐
28.	☐	☐	☐
29.	☐	☐	☐
30.	☐	☐	☐
31.	☐	☐	☐
32.	☐	☐	☐
33.	☐	☐	☐
34.	☐	☐	☐
35.	☐	☐	☐
36.	☐	☐	☐
37.	☐	☐	☐
38.	☐	☐	☐
39.	☐	☐	☐
40.	☐	☐	☐
41.	☐	☐	☐
42.	☐	☐	☐
43.	☐	☐	☐
44.	☐	☐	☐
45.	☐	☐	☐
46.	☐	☐	☐
47.	☐	☐	☐
48.	☐	☐	☐
49.	☐	☐	☐
50.	☐	☐	☐

Wohin mit dem **Kram**?

Alle Gegenstände, die es in Box 2 oder 3 geschafft haben, müssen nun noch sinnvoll weitergegeben werden, und zwar möglichst schnell, damit sie dir nicht länger den Platz rauben. Dafür gibt es verschiedene Möglichkeiten.

Bücher verschenken
je nach Thema an interessierte Freunde. Kindergärten, Jugendgruppen und Schulen oder an öffentliche Bücher- schränke (eine Liste solcher Schränke findest du online).

Kleidung tauschen, spenden oder verkaufen
Um deine Second-Hand-Kleidung auf gesellige Art weiterzugeben, eignet sich zum Beispiel eine Kleidertauschparty im Bekannten- und Freundeskreis. In vielen Städten finden auch öffentliche Kleidertauschpartys statt, meist in Eine-Welt-Häusern oder ähnlichen Einrich- tungen. Kinderkleidung kannst du z. B. auf Baby- und Kinderflohmärkten oder bei Kleiderbörsen in der Kinder- tagesstätte anbieten.

Antiquitäten begutachten lassen
Besondere Erbstücke, antiquarische Bücher etc. können für Antiquitätengeschäfte, Antiquariate oder Museen interessant sein; am besten vorher ein Gutachten erstellen lassen.

38

Wertstoffe bewahren

Wenn nichts anderes mehr möglich ist, als das Teil in die Mülltonne zu werfen (Box 4), denke bitte an korrekte Mülltrennung und versuche, so viel wie möglich so zu entsorgen, dass es recycelt werden kann.

online verkaufen oder verschenken

Es gibt Online-Marktplätze für so ziemlich alles. Der Vorteil ist, dass man ein breites Publikum erreicht und Leute in deiner Nähe die Möglichkeit haben, die Sachen einfach abzuholen.

soziale Einrichtungen unterstützen

In den meisten Orten gibt es soziale Einrichtungen, die sich über Spenden von Kleidern, Möbeln, Handtüchern usw. freuen wie Sozialkaufhäuser, Kleiderkammern, Diakonien oder Tierheime. Du kannst deine Sachen während der Öffnungszeiten abgeben oder größere Sachen wie Schreibtische abholen lassen. Wichtig ist, dass die Dinge gut erhalten, sauber und benutzbar sind.

Routinen für mehr Ordnung und Sauberkeit

Auf den folgenden Seiten geht es darum, die durch das Ausmisten neu gewonnene Ordnung und Sauberkeit dauerhaft beizubehalten. Die praktischen Checklisten werden dir dabei helfen. Doch es stehen nicht nur Effizienz und die Einübung von Routinen im Fokus – der Mensch ist ein Gewohnheitstier, und das kann man sich super zunutze machen, um sich selbst ein wenig zu überlisten –, sondern auch das Thema Nachhaltigkeit und Ressourcenschonung durch eine gewisse Portion Minimalismus: Es gibt zahlreiche natürliche Reinigungsmittel, die für alles Mögliche verwendet werden und dir eine Menge Geld, Platz und nicht zuletzt Chemie in deinem Haushalt einsparen können.

Der Abschied vom perfekten Haushalt

Du hast bereits die negativen Glaubenssätze identifiziert, die dich davon abhalten, dich an dauerhafter Ordnung zu versuchen und daran zu glauben, dass auch du es schaffen kannst. Das ist ein wichtiger Schritt auf dem Weg zu einem aufgeräumten, ordentlichen Haushalt und Leben. Das zweite Hindernis, das sich uns häufig in den Weg stellt, ist Perfektionismus. Und diesem werden wir uns jetzt zuwenden: Es geht darum, sich von der Vorstellung des perfekten Haushalts zu verabschieden und zu verstehen, dass „fast perfekt" das neue Schwarz ist!

Eine perfektionistische Vorgehensweise lässt uns in Details versinken. Doch nehmen diese so viel Zeit und Energie in Anspruch, dass wir unser Ziel nur müh- und langsam erreichen und frustriert sind. Es nutzt wenig, wenn ein Bereich oder eine Einheit blitzeblank ist und man sich darin spiegeln kann, aber der Rest im Chaos versinkt.

Ganz realistisch betrachtet ist es jedoch neben Beruf, Familie, Hobbys etc. einfach unmöglich, ein perfekt ordentliches und sauberes Zuhause zu haben. Deshalb dürfen wir diesen Druck von uns nehmen und zufrieden sein, wenn man eine gewisse Grundordnung und Sauberkeit erreicht hat und erhalten kann.

> **Lass dich nicht ablenken!** In der modernen Welt kann man sich vor Ablenkungen kaum retten. Neben dem Alltag sind es oft das Smartphone und das Internet oder der Fernseher, die uns Zeit rauben, die wir besser nutzen könnten. Für ein ordentliches Zuhause müssen wir Prioritäten setzen, denn der Tag hat nunmal nur 24 Stunden, und damit müssen wir auskommen. Ordnung muss darum zukünftig an erster Stelle stehen. Die Ablenkungen dürfen deine Belohnung nach getaner Arbeit sein!

ENDLICH SCHLUSS MIT DEM GROSSPUTZ!

Wenn wir an den wöchentlichen Großputz denken, dann ergreift uns oft schon Panik: Zwei, drei oder mehr Stunden Aufräumen und Putzen und danach todmüde auf die Couch fallen – was für eine schreckliche Vorstellung! Und dann noch das Wissen, dass in ein paar Stunden alles wieder aussieht wie vorher.

Um zu verstehen, was eine solche Großputzaktion so mühsam macht, ist es hilfreich, sich den Unterschied zwischen Aufräumen und Putzen klarzumachen.

1. Es sind zwei verschiedene Tätigkeiten.
   Vom Ablauf her kommt das Aufräumen immer vor dem Putzen, denn durch das Aufräumen ist das mühelose Putzen überhaupt erst möglich. Staubsaugen und Wischen kann man beispielsweise nicht, wenn der Fußboden nicht frei ist.

42

2. Aufräumen geht schneller, wenn man es regelmäßig macht, Putzen nicht.

Das Aufräumen nach einer Woche des Nicht-Aufräumens nimmt natürlich mehr Zeit in Anspruch, als wenn man täglich aufräumt. Denn Kram zieht immer mehr Kram nach sich, zu sehen etwa an der Arbeitsplatte in der Küche oder am Esstisch, auf dem die Stapel immer höher werden, wenn man nicht täglich aufräumt. Der Aufwand des Putzens bleibt dagegen immer relativ gleich, egal ob ich täglich oder wöchentlich sauge oder putze.

3. Aufräumen kann man nicht delegieren, Putzen hingegen schon.

Es ist eine Sache, die du selbst in die Hand nehmen musst bzw. deine Mitbewohner. Keine dritte Person kann die Unordnung in einem Haushalt beseitigen. Putzen hingegen kann ggf. einer Putzfrau übertragen werden, die regelmäßig saugt und putzt.

Fazit: Es ist also nicht sinnvoll, Aufräumen und Putzen zusammen zu erledigen, nur weil es dann „ein Aufwasch" ist. Das ist es in Wirklichkeit nämlich nicht, und beides erst lange nicht und dann auf einmal machen zu wollen, kostet am Ende nur sehr viel Kraft und sehr viel Zeit.

Die Lösung sind Ordnungsroutinen, die mit regelmäßigem Aufräumen in allen Bereichen des Haushalts die notwendige Grundordnung und Sauberkeit herstellen und erhalten, die du und deine Familie zum Wohlfühlen braucht.

Wenn du diese erstmal drauf hast, gehören Großputzaktionen für alle Zeiten der Vergangenheit an und du gewinnst Freizeit und Lebensqualität. Hört sich das nicht gut an?!

Die wichtigsten **Helferlein**

Um dich nicht mit unnötigem Zeug zu belasten, solltest du dir genau überlegen, was du wirklich brauchst, um die Ordnung zu erhalten: Die meisten Helferlein und Mittelchen, die man so kaufen kann, sind überflüssig und nehmen nur Platz weg. Diese Utensilien sind zu empfehlen:

Putzmittel
- Allzweck-/Neutralreiniger
- Glas-/Spiritusreiniger
- Badreiniger
- WC-Reiniger
- Backofenspray
- Scheuermilch
- Spülmittel
- Essigreiniger oder Essigessenz
- Natron
- Waschsoda

Pflanzliche Rohstoffe und biologisch abbaubare Produkte sollten die Kriterien bei der Wahl der Mittel sein. Mehr zu diesem Thema erfährst du ab S. 46.

Putzlappen
- Fenstertuch/-leder
- Microfasertücher
- Putz-/Wischlappen
- Schwämme
- Schwammtücher
- Staubtücher

Ein Fenstersauger kann bei großen Glasfronten oder vielen Fenstern und Spiegeln ein wahrer Segen sein!

44

Weitere Putzutensilien
- Besen
- Eimer
- Fensterwischer und -abzieher
- Fließenabzieher
- Handfeger und Kehrschaufel
- Wischmop und Schrubber
- Staubwedel
- Staubsauger mit verschiedenen Aufsätzen
- Trittleiter
- alte Zahnbürsten
- Gummihandschuhe
- Küchenpapier
- Cerankochfeldschaber
- Schmutzradierer

Nutze beim Staubsaugen die passenden Düsen für deinen Boden und beachte auch beim Wischbezug die Bodenbeschaffenheit. Es gibt auch spezielle Sauger für besondere Ansprüche wie Haustiere.

45

Bewahre alle Putzutensilien, die du regelmäßig benutzt, an einem Ort auf. Wenn dein Zuhause mehrere Ebenen hat, stelle auf jeder Etage eine Basisausrüstung bereit, damit du nicht immer alles hin- und hertragen musst.

Natürlich reinigen – natürlich besser!

Die Regale in den Drogeriemärkten sind gefüllt mit Putzmitteln und Reinigern aller Art und für jedes spezielle Problem. Setze beim Saubermachen lieber auf natürliche Reiniger wie Zitronensäure, Essig, Natron und Waschsoda – das spart nicht nur Geld und Platz im Putzschrank, sondern schont auch noch die Umwelt. Nachhaltiger und effizienter geht es kaum! Auf diese komplett natürlichen Helfer solltest du nicht verzichten:

1. **Essigessenz**
   - wirkt antibakteriell und antiseptisch
   - löst Kalk und Fett

Essigessenz hat einen sehr hohen Säuregehalt und muss laut Anwendungshinweis auf der Flasche verdünnt werden. Speiseessig ist sehr viel milder und darum für Reinigungszwecke im Haushalt nur bedingt einsetzbar.

2. **Zitronensäure**
   - hemmt die Entstehung und Ausbreitung von Bakterien
   - reinigt und desinfiziert
   - kalklösend

Bei empfindlicher Haut unbedingt Handschuhe tragen und Zitronensäure immer außerhalb der Reichweite von Kindern aufbewahren. Zitronensäure-Lösungen keinesfalls erhitzen.

3. **Natron**
   - Allrounder für Reinigungszwecke
   - neutralisiert Säuren und Gerüche
   - entfernt Flecken
   - wirkt antibakteriell und fungizid

Alternativ kann Backpulver verwendet werden, denn das enthält Natron. Allerdings ist hier auch Stärke enthalten, die unerwünschte Effekte haben kann, z. B. dass sie gereinigte Teile etwas „schleimig" macht; dieser Effekt ist jedoch nicht irreparabel, Abspülen mit klarem Wasser hilft.

4. **Waschsoda**
   - entfernt Gerüche und Fett
   - löst Ablagerungen im Abfluss

Beim Reinigen mit Soda immer Handschuhe tragen, da es die Haut, Augen und Atemwege reizen kann.

46

Reinigungsmittel **selbst herstellen**

Mit diversen Kombinationen aus diesen Hausmitteln kannst du umweltfreundliche Reiniger für verschiedene Bereiche des Haushalts herstellen.

Allzweckreiniger

Du brauchst:

- 20 ml Essigessenz
- 30 Tropfen ätherisches Öl Zitrone
- 10 Tropfen ätherisches Öl nach Wahl, z. B. Lavendel, Pfefferminze

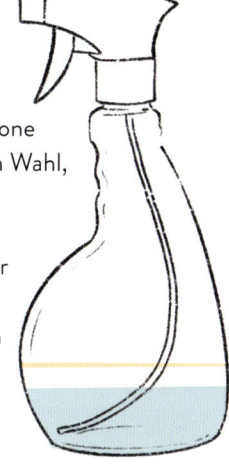

Die Essigessenz mit 80 ml Wasser verdünnen und in eine Sprüh-flasche füllen, die Öle hinzufügen und vor jedem Gebrauch gut schütteln.

Glasreiniger

Du brauchst:

- 500 ml destilliertes Wasser
- ½ EL Essigessenz
- 2 EL Reinigungsalkohol
- 5 Tropfen ätherisches Öl nach Wahl

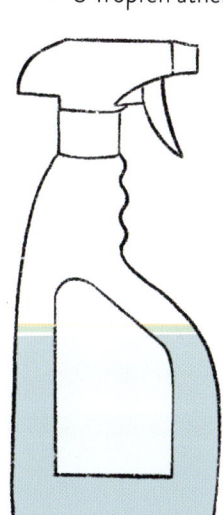

Die Essigessenz mit 2 EL Wasser verdünnen, zusammen mit den restlichen Zutaten in eine Sprüh-flasche geben und die Mischung vor jedem Gebrauch gut schütteln. Auf Fenster und Spiegel aufbrin-gen und mit einem Tuch trocken-wischen.

Kalkreiniger

Du brauchst:

- 2 EL Zitronensäure
- 1 EL Spülmittel

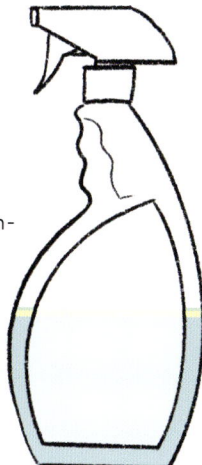

Löse in einer Schüssel die Zitronen-säure in 500 ml Wasser auf und vermische diese Lösung mit dem Spülmittel. In eine Sprühflasche füllen.

Desinfektionsspray-Konzentrat

Du brauchst:

- 20 ml Essigessenz
- 50 Tropfen Teebaumöl
- 50 Tropen ätherisches Öl nach Wahl, z. B. Lavendel, Orange

Die Essigessenz mit 80 ml Wasser verdünnen und zusammen mit den Ölen in eine Sprüh-flasche füllen. Vor jedem Gebrauch gut schütteln.

47

Weichspüler

Du brauchst:

- 20 ml Essigessenz
- 100 Tropfen ätherisches Öl, z. B. Lavendel – duftet nicht nur gut, sondern schützt auch vor Kleidermotten!

Die Essigessenz mit 80 ml Wasser verdünnen und das ätherische Öl hinzufügen. Die Mischung vor jedem Gebrauch gut schütteln und je nach Wäschemenge ca. 50 ml in das Weichspülerfach der Waschmaschine geben.

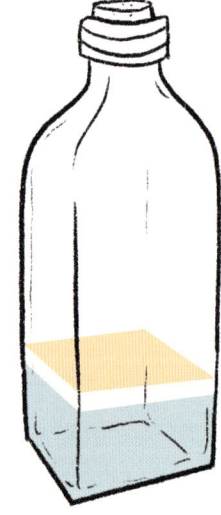

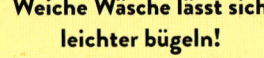

Weiche Wäsche lässt sich leichter bügeln!

Waschmittel für Buntwäsche

Du brauchst:

- 10 Rosskastanien

Kastanien achteln oder mit dem Mixer zerkleinern, in ein Schraubglas geben, mit 300 ml Wasser aufgießen und gut schütteln. 4–6 Stunden oder über Nacht ziehen lassen, dann die Lauge abseihen. Das Waschmittel wie gewohnt dosieren.

- **Das Kastanienwaschmittel innerhalb von 2 Tagen aufbrauchen.**
- **Das Waschmittel ist geruchsneutral. Möchtest du einen frischen Duft für deine Wäsche, gib ein paar Tropfen ätherisches Öl deiner Wahl mit ins Waschmittelfach.**
- **Willst du weiße Wäsche waschen, musst du unbedingt die braunen Schalen der Kastanien entfernen, bevor du sie mit Wasser übergießt.**
- **Du kannst Kastanien auf Vorrat sammeln, kleinschneiden und im Backofen bei schwacher Hitze trocknen. Die Stückchen trocken lagern.**

Kühlschrankreiniger

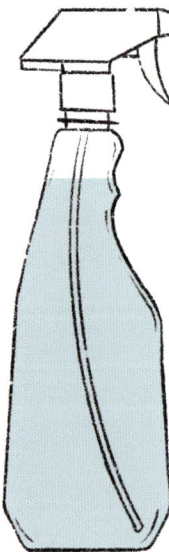

Du brauchst:

- 1 l warmes Wasser
- 1 TL Backpulver
- 1 TL Kastilien-Seife (aus verseiftem Kokosöl und Sonnenblumenöl, milder pH-Wert)

Löse Backpulver und Seife im warmen Wasser auf und fülle die Lösung in eine Sprühflasche. Das Gemisch eignet sich für die Reinigung des kompletten Kühlschranks. Wische den gereinigten Kühlschrank mit einem fusselfreien Tuch aus.

10 Dinge, bei denen **natürliche Reiniger** helfen

Obst und Gemüse waschen

Wenn du Obst, Gemüse oder Salat wäschst, gib Natron ins Wasser: Das Natron befreit die Nahrungsmittel effektiv von Pestiziden, Schadstoffen etc. und sorgt zudem dafür, dass Salat länger knackig-grün bleibt.

Gerüche vermeiden

Stelle eine Tasse mit Natron in den Kühlschrank, streue etwas auf den Boden des Geschirrspülers oder in den Mülleimer, um unangenehmer Geruchsbildung vorzubeugen.

Obstfliegen bekämpfen

Gib Essig, etwas Fruchtsaft und 2 Tropfen Spülmittel in ein Glas. Der Essiggeruch lockt zusammen mit dem Saft Fruchtfliegen an; wenn diese in der Flüssigkeit landen, gehen sie unter, da das Spülmittel dem Wasser seine Oberflächenspannung genommen hat.

Abfluss reinigen

Wenn der Abfluss verstopft ist und du manuell schon alle Ablagerungen wie Haare, Essensreste etc. entfernt hast, gib 1 Tasse Waschsoda hinein und gieße ebenso viel Essig darauf. Achtung, das Soda reagiert, indem es schäumt. Eine kurze Zeit einwirken lassen und mit 1 l kochend heißem Wasser nachspülen.

Angebrannte Töpfe und Herdplatten reinigen

Gib Natron oder Waschsoda auf die verkrusteten Stellen und lege ein feuchtes Küchenpapier darüber. Die Einwirkzeit liegt je nach Verschmutzungsgrad bei 30 bis 60 Minuten, danach das Küchenpapier abnehmen: Es hat sich mit den Verkrustungen verbunden und löst sie ab. Überreste mit Wasser und ggf. Spülmittel entfernen.

49

Tee- und Kaffeerückstände entfernen

Etwas Essigessenz in den Wasserkocher oder die Metallkanne geben, mit heißem Wasser auffüllen und ein paar Stunden einweichen lassen. Den Behälter dann gründlich ausspülen und mit einer weichen Bürste Rückstände entfernen.

Backofen reinigen

Stelle eine feuerfeste Schale mit 500 ml Essigessenz-Wassergemisch auf den Boden des Backofens stellen, den Backofen auf 150 °C aufheizen und die Mischung 45–60 Minuten köcheln lassen: Der Wasserdampf löst etwaige Verkrustungen, die sich dann mit einem Schaber leicht entfernen lassen. Den Ofen abschließend mit einem feuchten Tuch auswischen.

Kalk entfernen

1½ EL Zitronensäure in Pulverform in 250 ml Wasser auflösen und damit verkalkte Armaturen abwischen. Ein wenig einwirken lassen und die Armaturen gut abspülen und trocknen. Einen Duschkopf kannst du auch abschrauben und über Nacht in der Lösung einlegen. Wenn du die Mischung in eine Sprühflasche füllst, kannst du damit auch Fliesen und Duschwand entkalken.

Weiße Wäsche wieder strahlen lassen

Weiche ergraute weiße Baumwollkleidung einige Stunden oder über Nacht in Waschsoda ein (nicht bei Farbwäsche anwenden, Soda bleicht!) und wasche sie danach wie gewohnt.

Obstflecken entfernen

Bei Obstflecken sollte man schnell handeln: Weiche das Kleidungsstück in kaltem Wasser ein und tropfe dann Essigessenz oder Zitronensaft auf den Fleck: Die Säure im Essig bzw. im Zitronensaft löst die im Obst enthaltene Gerbsäure auf. 2 Stunden einwirken lassen, dann auswaschen und das Teil wie gewohnt waschen. Bei hartnäckigen Flecken hilft Gallseife, die vor dem Waschen in der Waschmaschine nicht extra ausgewaschen wird.

Meine Rezepte für natürliche Reiniger

9 Kniffe, um **neues Chaos** zu vermeiden

Hast du erst einmal ausgemistet und dir so mehr Platz und Luft zum Atmen in deinem Zuhause geschaffen, dann ist der nächste Schritt in ein dauerhaft befreiteres Leben, das Chaos künftig zu vermeiden. Das ist sinnvoll und notwendig, denn Ausmisten soll natürlich nicht zum Dauerzustand werden.

Mit Änderungen von Gewohnheiten, regelmäßigen kleinen Handgriffen und täglichen bzw. wöchentlichen Routinen kannst du die Ordnung, die du dir jetzt erarbeitet hast, auf Dauer beibehalten:

> **Wichtig ist, diszipliniert dran zu bleiben, auch wenn du mal müde bist oder einfach keine Lust hast. Disziplin und Kontinuität zahlen sich aus, das wirst du ganz schnell feststellen!**

1. Alles hat seinen festen Platz.

Wohl einer der wichtigsten Grundsätze für mehr Ordnung, denn Chaos entsteht, wenn alles überall herumliegt. Und so geht's: Bestimme für jedes Teil, das du besitzt, einen festen Platz in deinem Haushalt. Dieser sollte dort sein, wo das Teil benutzt und benötigt wird. Nach jeder Benutzung kommt das Teil an seinen festen Platz zurück. So weißt du immer, wo es zu finden ist, das ewige Suchen hat ein Ende, und es entsteht kein neues Chaos durch Dinge, die herumliegen. Bei Neuanschaffungen solltest du dir schon vor dem Kauf Gedanken machen, wo das Teil verstaut werden soll. Hast du genug Stauraum und ein geeignetes Aufbewahrungssystem?

2. Nie leer laufen.

Vielfach am Tag wechseln wir die Räume in unserem Zuhause. Das können wir nutzen für all die Dinge, die den Tag über in Räume gelangen, in die sie nicht gehören: Oft sind wir einfach zu bequem und lassen Dinge dort liegen oder stehen, wo wir sie verwendet haben. Nutze deshalb jeden Gang in einen anderen Raum oder eine andere Etage, um verstreute Dinge an ihren festen Platz zurückzubringen. Und so geht's: Schaue dich um, bevor du einen Raum verlässt, nach Dingen, die dort nicht hingehören, und nimm diese mit. Jedes Mal.

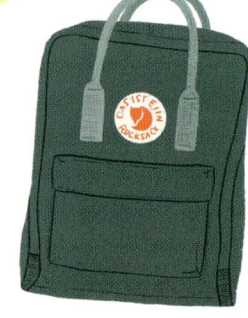

3. Wartezeiten nutzen.

Immer wieder am Tag warten wir auf etwas oder auf jemanden. Nutze diese Zeit, um ein paar kleine Handgriffe zu erledigen, und gewinne so ganz nebenbei an Ordnung und Sauberkeit.

4. Eingänge kontrollieren.

Um unnötigen Kram gar nicht erst in dein Zuhause zu lassen, überlege immer wieder, ob du etwas noch in deinem Zuhause haben möchtest oder nicht, und handle entsprechend. Wenn dich jemand beschenken möchte, bitte um ein „kramfreies" Geschenk, z. B. Massagegutschein oder gemeinsamer Konzertbesuch. Bringe am Briefkasten zudem einen Aufkleber an: „Bitte keine Werbung einwerfen", und gehe bewusst einkaufen: Ist das, was du da im Einkaufswagen hast, tatsächlich nötig?

5. Einkäufe sofort wegräumen.

Gewöhne dir an, deine Einkäufe sofort nach dem Nachhausekommen wegzuräumen: Nahrungsmittel an ihrem jeweiligen Platz in der Küche verstauen, Etiketten aus den neuen Klamotten herausschneiden und in die Wäsche geben, neue Geräte auspacken, an ihren Platz bringen und die Verpackungen sofort ins Altpapier bzw. in die Wertstofftonne geben. So verhinderst du, dass volle Einkaufstüten, Körbe und Kisten die Wege, Ablage- und Oberflächen in deinem Zuhause belagern.

6. Frust- und Glückskäufe vermeiden.

Empfinden wir Frust, Traurigkeit oder auch überschwängliches Glück, oder haben wir Langeweile, gehen viele von uns gerne shoppen. Und ganz schnell schleppt man wieder etwas nach Hause, was man nicht braucht, nicht anzieht, nicht benutzt. Gehe darum nur dann einkaufen, wenn du etwas Konkretes brauchst. Setze dir dafür ein Budgetlimit und kaufe immer mit Bargeld ein.

7. Kaufstopp einführen.

Lege einen Zeitraum fest, in dem du nur Dinge kaufst, die du zum Leben wirklich benötigst, z. B. Nahrungsmittel. Das vermeidet neuen unnützen Kram in deinem Zuhause und schont auch noch den Geldbeutel.

8. Das 1-rein-1-raus-Prinzip leben.

Wenn du dir wohlüberlegt etwas Neues zulegen möchtest, entsorge gleichzeitig ein ähnliches Teil, z. B. ein altes Paar Schuhe, wenn du ein neues Paar kaufst. So hältst du die Anzahl der Dinge in deinem Besitz konstant gering.

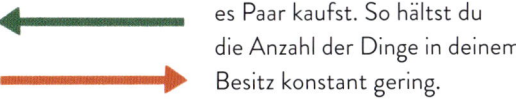

9. Routinen einüben und nutzen.

Die größte Unterstützung für dauerhafte Ordnung sind tägliche Routinen im Haushalt, bestehend aus kleinen Handgriffen. Das hört sich erstmal stressig an, doch diese Handgriffe dauern meist nur wenige Minuten und sind extrem effektiv: Sie ersparen dir das große Aufräumen und Putzen, ermöglichen einen klaren Schnitt zwischen Arbeit und Entspannung und können so sogar zum Abschalten beitragen und dich auf den Feierabend einstimmen. Wer lieber morgens alles erledigt, startet mit einem guten, wachen Gefühl in den Tag und darf sich darauf freuen, am Abend in ein ordentliches Heim zu kommen.

Viel Praktisches rund um diese hilfreichen Routinen erfährst du auf den folgenden Seiten. Ab S. 66 findest du zudem praktische Checklisten für die einzelnen Räume – am besten mehrfach kopieren, aufhängen und jeden Tag abhaken, bis du alles verinnerlicht hast.

Tagesroutinen für **Küche & Essbereich**

Die Küche ist der Mittelpunkt des Zuhauses, hier kommt man zusammen, es wird gefrühstückt, gekocht, die Verpflegung für den Tag vorbereitet – und genau das macht sie zugleich zu einem „lebenden Hotspot": Flächen in der Küche wirken wie Magnete und ziehen alles an, was schnell abgelegt werden will. Schmutziges Geschirr stapelt sich in der Spüle. Küchengeräte, die nicht weggeräumt wurden, leere Verpackungen und Flaschen belagern die Arbeitsfläche. Auf dem Tisch häufen sich die Post, Zeitungen, Schulhefte. Aktentaschen, Schulranzen, Einkaufstüten und Spielzeug liegen auf dem Boden. Und Speisereste und verderbliche Lebensmittel sammeln sich im Kühlschrank und warten auf die Weiterverwertung.

Manchmal ist das Chaos hier so groß, dass wir keine Lust mehr zum Kochen haben, sondern einfach schnell ein Fertiggericht in den Ofen oder in die Mikrowelle schieben oder Pizza bestellen, um die Küche schnell wieder verlassen zu können.

Und nun stell dir vor, die Arbeitsflächen wären frei, das Geschirr gespült und im Schrank verstaut, das Spülbecken leer – ja, dann wäre die Küche doch ein einladender Raum! Es würde dir künftig sicher mehr Spaß machen, dich dort aufzuhalten, und du würdest gerne etwas Leckeres kochen.

Die Küche ist ein Zentrum der Aktivität, und weil sie so wichtig für unser Leben ist und dabei so leicht außer Kontrolle geraten kann, beginnen wir hier mit den neuen Routinen: Permanente „Wartung" sorgt dafür, dass die Küche ein Wohlfühl-Treffpunkt bleibt. Mache es dir zur Gewohnheit, die Küche nicht zu verlassen, solange noch schmutziges Geschirr herumsteht und der Herd verkrustet ist. Erledige deine Küchenroutinen (s. auch S. 66) am besten, bevor du es dir gemütlich machst – auf jeden Fall, bevor du ins Bett gehst –, und wenn es erforderlich ist, auch zwei Mal täglich.

DEINE NEUEN TAGESROUTINEN:
KÜCHE & ESSBEREICH

1. **Arbeitsflächen freiräumen**
Auf der Arbeitsplatte sollten (wenn überhaupt) nur die Dinge stehen, die du hier täglich benutzt. Verstaue darum alle anderen Gegenstände in den Schränken, bringe sie an den jeweiligen festen Platz zurück – oder trenne dich ganz davon.

2. **Benutztes wegräumen**
Spüle nach jeder Mahlzeit das Geschirr (oder räume es in den Geschirrspüler; räume dafür die Maschine immer sofort aus, wenn sie fertig ist, damit du immer Platz für das benutzte Geschirr hast). Solltest du einmal keine Zeit haben zum Spülen, stelle das benutzte Geschirr neben die Spüle, damit das Spülbecken frei bleibt.
Nutze zudem die Wartezeiten während des Kochens, um gebrauchte Utensilien zu spülen sowie Geräte und Zutaten wegzuräumen, die du nicht mehr benötigst.

3. **Arbeitsfläche und Herd abwischen**
Wische die Arbeitsflächen und den Herd immer ab, wenn du daran denkst: So bleibt alles krümelfrei und du kannst alle verfügbaren Flächen jederzeit nutzen.

4. **Spülbecken putzen**
Säubere und trockne das Spülbecken immer, wenn du daran denkst, damit die Spüle glänzend bleibt. So verhinderst du Kalkflecken, die sonst langwierig entfernt werden müssen.

5. **Küchentisch abräumen**
Räume den Tisch immer sofort nach dem Essen ab und wische ihn sauber, damit er den Tag über weitergenutzt werden kann.

6. **Fußboden freiräumen**
Hebe alles auf, was auf dem Küchenboden liegt, und bringe es an seinen festen Platz zurück. Entsorge, was nicht mehr gebraucht wird.

7. **Krümel entfernen**
Fege die Krümel vom Fußboden auf oder verwende dafür einen Handstaubsauger, beides ist völlig ausreichend für das tägliche Saubermachen (es sei denn, du hast Haustiere, dann brauchst du den großen Staubsauer jeden Tag).

8. **Müll entsorgen**
Sortiere den anfallenden Müll immer sofort und bringe ihn möglichst einmal am Tag in die entsprechende Tonne draußen. Das vermeidet nicht zuletzt unangenehme Gerüche.

Keine Sorge, du musst nicht alle diese Routinen auf einmal und sofort umsetzen: Wähle zunächst aus, was dir am wichtigsten ist, und fang damit an. Nimm dann nach und nach weitere Routinen dazu.

55

WEITERE GUTE IDEEN FÜR MEHR ORDNUNG IN DER KÜCHE

1. Kühlschrank regelmäßig putzen

Oft nehmen wir uns den Kühlschrank erst dann vor, wenn es dringend nötig ist, weil er keinen Stauraum mehr bietet oder etwas darin schlecht geworden ist. Besser ist jedoch folgende Routine: Bevor du den Kühlschrank nach dem Einkaufen neu einräumst, überprüfe, ob sich darin abgelaufene Nahrungsmittel oder Speisereste befinden, und wische ihn schnell aus.

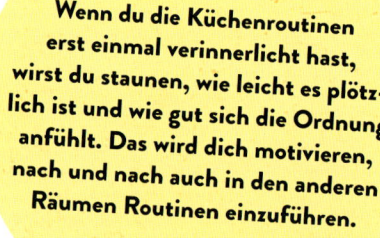

2. Geschirr strategisch klug platzieren

Das Einsortieren des sauberen Geschirrs aus der Spülmaschine kannst du dir erleichtern, indem du alle Utensilien, die du täglich benutzt, in den Schränken rund um die Spülmaschine aufbewahrst. Je seltener etwas benutzt wird, desto weiter weg von der Spülmaschine sollte es aufbewahrt werden.

56

3. Küchentisch immer freihalten

Sollten an eurem Esstisch „Nicht-Küchen-Tätigkeiten" ausgeführt werden wie Büroarbeiten, Hausaufgaben, Malen, Spielen oder Handarbeiten, ist dies ein sehr gefährdeter Platz für einen Hot Spot. Räume darum hinterher alle Utensilien für diese Aktivitäten sofort wieder an ihren festen Platz zurück.

Wenn du die Küchenroutinen erst einmal verinnerlicht hast, wirst du staunen, wie leicht es plötzlich ist und wie gut sich die Ordnung anfühlt. Das wird dich motivieren, nach und nach auch in den anderen Räumen Routinen einzuführen.

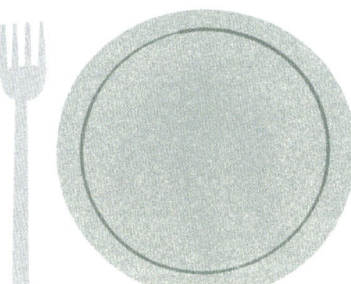

Tagesroutinen für das **Badezimmer**

Das Badezimmer ist der Raum, den wir morgens zuerst betreten und oft auch der kleinste Raum, den wir täglich nutzen und mit den Mitbewohnern teilen. Häufig befinden sich auch Waschmaschine und Trockner hier. Und genau deshalb geht es im Bad oft alles andere als ordentlich zu: Seifenreste im Waschbecken, Zahnpastaspritzer auf dem Spiegel, Cremetiegelchen stehen herum, Spielzeug und Schmutzwäsche liegen auf dem Boden. Die Oberflächen und der Wannenrand sind eingestaubt, die Duschwand verkalkt. Kein Wunder, dass es vielen Menschen graut vor dem Gang ins Bad.

Und nun stelle dir vor, dein Waschbecken und der Wannenrand wären sauber, die Ablagen und der Fußboden freigeräumt, der Spiegel sauber. Würdest du ein solches Bad nicht gerne morgens als ersten Raum betreten?
Mit den folgenden Routinen (s. auch S. 67) machst du diesen Traum wahr! Und du wirst feststellen, dass dir mit einem aufgeräumten Bad der Start in den Tag leichter fällt.

DEINE NEUEN TAGESROUTINEN:
BADEZIMMER

1. **Oberflächen freiräumen**
   Halte die Oberflächen von allem frei, was du nicht benutzt, und räume Utensilien sofort nach der Nutzung zurück: Freigeräumte Flächen sind leicht zu säubern und damit hygienisch, denn auf sauberen Untergründen haben Schimmel und Bakterien keine Chance.

2. **„Badfremde" Utensilien zurückbringen**
   Auch ins Bad wandert täglich so einiges, was nicht dorthin gehört: das Wasserglas vom Vorabend, der Reiseführer, den du in der Badewanne gelesen hast, das Spielzeug des Kleinsten … Nimm jedes Mal, wenn du das Bad verlässt, solche Dinge mit und bringe sie an ihren festen Platz zurück.

3. **Glasduschwand abziehen und Armaturen trocken wischen**
   So minimierst du die lästigen Kalkablagerungen und musst die Dusche nicht so oft und nicht so aufwendig putzen.

4. **Oberflächen sauberwischen**
   Wische spätestens abends, bevor du ins Bett gehst, mit einem trockenen, weichen Tuch – am besten aus Mikrofaser – über den Spiegel. So hältst du die Zahnpastaspritzer im Zaum und blickst nicht jeden Morgen als erstes in einen völlig verschmierten Spiegel. Am einfachsten geht das, solange die Spritzer noch nicht getrocknet sind. Das gleiche gilt für Wannenrand, Waschbecken, Oberflächen und die Toilettenbrille: einmal am Tag darübergewischt, sammelt sich gar nicht erst so viel Staub und Dreck an, dass es unhygienisch werden könnte. Das Mikrofasertuch danach in die Wäsche geben.

Tagesroutinen für das **Wohnzimmer**

Das Wohnzimmer ist der Raum, in dem wir uns nach dem Arbeitstag erholen wollen, wo wir mit der Familie oder den Freunden zusammenkommen. Doch mal ehrlich: Kannst du dich einfach abends nach der Arbeit auf die Couch fallen lassen, ohne dass du sie erst freiräumen musst? Wenn die Nachbarin spontan klingelt, kannst du sie immer auf ein Getränk ins Wohnzimmer einladen? Ist genug Platz für ein Gesellschaftsspiel mit Freunden oder deinen Kindern? Wenn wir im Wohnzimmer über Sachen stolpern, die auf dem Boden verstreut liegen, Klamotten das Sofa in Beschlag nehmen oder benutzte Gläser und Chipstüten vom Vorabend den Tisch übersäen, kommt beim Betreten des Raums keine Freude auf. Wir sind genervt, weil wir erstmal aufräumen müssen, bevor wir den Raum so nutzen können, wie wir es geplant haben. Und auch ungeplanter Besuch bringt uns so in Verlegenheit und in Stress.

Und nun stelle dir vor, du würdest in ein aufgeräumtes Zimmer kommen, das Ruhe ausstrahlt, du könntest auf dem freien Fußboden deine Yogamatte ausbreiten und dich entspannen oder du würdest dich auf die Couch legen und erstmal die Beine hochlegen nach dem anstrengenden Tag. Wäre das nicht ein Heim- und Zur-Ruhe-Kommen, wie man es sich wünschen würde? Damit das gelingt, solltest du abends als Letztes die folgenden Routinen durchführen, denn so empfängt dich am nächsten Tag ein einladender Raum (s. auch S. 68).

> **Im Wohnzimmer sollten sich überwiegend Dinge befinden, die von allen Mitbewohnern genutzt werden. Persönliche Dinge wie Basteleien, Aktentaschen, Schulranzen etc. sind an ihrem festen Platz im jeweiligen Zimmer aufzubewahren.**

58

DEINE NEUEN TAGESROUTINEN:
WOHNZIMMER

1. **Dinge zurückbringen**
   Nach jeder Aktivität, spätestens jedoch am Abend, werden alle benutzten Dinge, die nicht ins Wohnzimmer gehören, an ihren Platz zurückgebracht oder entsorgt, damit Fußboden und Flächen frei sind.

2. **Couch und Couchtisch freiräumen**
   Beseitige noch vor dem Zu-Bett-Gehen alle Überreste des Abends wie Essensverpackungen, Gläser und Flaschen. Wische den Tisch sauber, schüttle die Kissen auf dem Sofa auf und lege die Kuscheldecke, die du benutzt hast, ordentlich zusammen.

3. **Krümel entfernen**
   Fege die Krümel vom Fußboden auf oder verwende dafür einen Handstaubsauger, beides ist völlig ausreichend für das tägliche Saubermachen (es sei denn, du hast Haustiere, dann brauchst du den großen Staubsauger jeden Tag).

4. **Blumenschmuck kontrollieren**
   Wenn du Blumenschmuck im Wohnzimmer hast, kontrolliere, ob die Blumen neues Wasser benötigen und noch ansehnlich sind oder bereits zu verwelken beginnen. Bei Topfpflanzen regelmäßig vertrocknete Blätter und Stiele entfernen und überprüfen, ob sie noch genug Wasser haben.

Wenn das Wohnzimmer auch als Spielzimmer, Büro oder Bastelecke dienen muss, dann definiere für diese Aktivitäten feste, abgegrenzte Bereiche, etwa durch eine Spieldecke oder einen gesonderten Schreibtisch. Auch diese Bereiche sind nach getaner Arbeit oder beendetem Spiel aufzuräumen.

Tagesroutinen für **Flur & Garderobe**

Der Eingangsbereich ist die Visitenkarte unseres Zuhauses, denn dort kommt jeder an, ob Besucher oder Mitbewohner. Hier befindet sich die Garderobe, hier werden Schuhe und Taschen abgelegt, Jacken und Accessoires aufbewahrt. Und in vielen Fällen wird das alles einfach fallengelassen, denn man möchte schnell hinein. Darum stolpern wir über Handtaschen, Schulranzen und Jacken, die achtlos auf den Boden gepfeffert wurden, Wanderschuhe, die seit dem letzten Urlaub dort „trocknen", neben den Kastanien und Steinen, die unterwegs gefunden wurden und unbedingt mit nach Hause mussten, und die Schuhe, die man gestern ausnahmsweise anhatte und die keinen festen Platz auf dem kleinen Schuhregal mit der Auswahl der erklärten Lieblingsschuhe gefunden haben. Und auch Post und Werbung liegen hier und warten auf Weiterbearbeitung bzw. Entsorgung. Gibt es einen Treppenaufgang, wird auch dieser gerne

genutzt als Ablagefläche für Dinge, die in die andere Etage gebracht werden müssen – doch bis sich jemand findet, sie hinaufzutragen, kann es dauern. Wo sind denn nun wieder der Autoschlüssel und die gelbe Strickmütze?

Und nun stelle dir vor, du kommst nach Hause in einen aufgeräumten Flur, an dem alles ordentlich an seinem Haken hängt und wo du einen festen Platz für deinen Schlüsselbund hast, damit du am nächsten Morgen alles, was du für den Tag brauchst, griffbereit hast. Wäre das nicht herrlich und würde dir das nicht viel Zeit für die Sucherei ersparen?
Die folgenden Routinen (s. auch S. 69) helfen dir, genau das zu erreichen. Auch das erledigst du am besten abends, wenn alle Familienmitglieder zuhause sind und keiner beim Heimkommen neues Chaos veranstalten kann.

DEINE NEUEN TAGESROUTINEN:
FLUR & GARDEROBE

1. **Schuhe aufräumen**
   Stelle die Schuhe, die aktuell genutzt werden, an ihren festen Platz. Besorge dafür wenn nötig ein offenes Schuhregal, das genug Platz für alle Schuhe der Familie bietet.

2. **Jacken, Taschen und Accessoires aufhängen**
   Jacken, Mäntel und Accessoires sollten so sortiert werden, dass man sie wiederfindet.

3. **Fußboden freiräumen**
   Alles, was sich auf dem Boden angesammelt hat, wird an den jeweiligen festen Platz zurückgebracht oder entsorgt.

4. **Rucksäcke und Ranzen bereitstellen**
   Rucksäcke und Schulranzen, die am nächsten Morgen wieder gebraucht werden, werden fertig gepackt und im Flur bereitgestellt. Am Wochenende wandern sie auf ihren festen Platz im Zimmer des jeweiligen Besitzers.

5. **Treppe & Geländer freiräumen**
   Alle Dinge, die hier zum Weitertransport zwischengelagert wurden, werden an ihren festen Platz getragen.

6. **Eingangspost vorsortieren**
   Post und Werbung werden voneinander getrennt, was ins Altpapier gehört, wird direkt entsorgt. Bringe den Rest zur Postsammelstelle und bearbeite deine Post mindestens einmal pro Woche (s. auch S. 110).

61

Tagesroutinen für das **Schlafzimmer**

Das Schlafzimmer ist der Raum für Erholung und Schlaf in einem Zuhause. Und genau deshalb sollte er Ruhe ausstrahlen. Doch oft wird er „zweckentfremdet", etwa als Bügelstation, als Arbeitsplatz oder als Kinderspielplatz. Häufig stehen hier relativ viele Möbelstücke und Regale, die viel Ablagefläche bieten, und wenn diese Fläche ausgenutzt wird, breitet sich auch die Unordnung aus: Auf dem Nachttisch stapeln sich längst gelesene Bücher, liegen Ladekabel, stehen Wassergläser; auf dem Fußboden türmen sich Zeitschriften; Wäsche liegt überall herum. All dieser Kram hat einen negativen Einfluss auf deinen Schlaf und damit auf deine Erholung.

Und nun stelle dir vor, du wachst morgens auf, blickst in eine aufgeräumte Umgebung und nimmst dir einfach nur die Kleidung für den Tag, die du bereitgelegt hast. Wäre das nicht ein guter Start in den Tag? Mit den folgenden Routinen (s. auch S. 70) gelingt es dir! Mach es dir zur Gewohnheit, das Schlafzimmer abends aufzuräumen, wenn nötig auch nochmal morgens, bevor du das Haus verlässt. So kannst du beruhigt einschlafen und erholt in den Tag starten.

> Ins Schlafzimmer gehören nur die Dinge, die für einen guten Schlaf wesentlich sind und die man vor dem Einschlafen oder in der Nacht braucht. Das ist nicht viel, in der Regel nur der Wecker, das aktuelle Buch und die Nachttischlampe, vielleicht auch noch eine Handcreme.

DEINE NEUEN TAGESROUTINEN:
SCHLAFZIMMER

1. **Bett freiräumen**
    Das Bett ist die wichtigste Fläche im Schlaf-
    zimmer, es sollte immer nutzbar sein, ohne zu-
    erst Wäsche, Unterlagen etc. wegräumen zu
    müssen. Reduziere auch Dekokissen, sie landen
    in der Nacht meist ohnehin auf dem Fußboden.

2. **Schmutzwäsche wegräumen**
    Stecke schmutzige Wäsche direkt in den Wä-
    schekorb, anstatt sie auf dem Fußboden oder
    gar auf dem Bett „zwischenzulagern".

3. **Kleidung fürs zweite Mal Tragen aufhängen**
    Bewahre Kleidungsstücke, die du nochmals
    anziehen willst, im Schrank auf, nicht auf einer
    offenen Ablagefläche im Zimmer.

4. **„Schlafzimmerfremde" Utensilien**
    zurückbringen
    Schaffe alle Dinge aus dem Zimmer, die hier
    nicht hingehören, z. B. Wassergläser oder Kinder-
    spielzeug. Sieh dich jedes Mal um, bevor du den
    Raum verlässt, was sich eingeschlichen hat.

5. **Den nächsten Tag vorbereiten**
    Lege dir die Kleidungsstücke für den nächsten
    Tag bereit, damit du morgens nicht erst über-
    legen musst, was du anziehen möchtest, und so
    wertvolle Zeit verlierst.

63

Tagesroutinen für das **Kinderzimmer**

Als Eltern wissen wir, was es bedeutet, Kinder zuhause zu haben: meist nämlich Unordnung, bis hin zu Chaos, und zwar egal, wie alt die Kinder sind. Meist sind es die Mütter, die täglich damit beschäftigt sind, die endlose Unordnung zu bekämpfen: Im Kinderzimmer liegen Kleidungsstücke auf dem Boden, das Spielzeug ist überall verstreut, auf dem Bett wird alles Mögliche ausgebreitet, und Stapel von losen Blättern türmen sich auf dem Schreibtisch. Manchmal ist es kaum noch möglich, das Kinderzimmer überhaupt zu betreten.

Dabei freuen sich Kinder sogar über ein aufgeräumtes, strukturiertes Kinderzimmer, in dem sie ihre Dinge wiederfinden, ohne dass Mama ständig beim Suchen hilft. Stelle dir vor, auch das Anziehen würde leichter fallen, weil die Kleidungsstücke griffbereit und sauber sind, und dein Kind würde einen Sinn dafür entwickeln, sich zu organisieren und Ordnung und Strukturen zu erschaffen. Wäre das nicht nur für dich sehr viel weniger Stress und Arbeit, sondern auch ein großer Gewinn für die Entwicklung deines Kindes hin zu einer selbstständigen Person?

Mit den folgenden Routinen (s. auch S. 71) wird es dir gelingen, deinem Kind klare Strukturen zu bieten, in denen es sich frei entwickeln kann, und ihm zugleich Wichtiges für sein späteres Leben mitzugeben. Bringe das Kinderzimmer jeden Morgen und jeden Abend in Ordnung und beziehe dein Kind mit ein. Vor allem kleine Kinder mögen es, im Haushalt mitzuhelfen. Sie wachsen an ihren Aufgaben und sind stolz, wenn sie etwas erledigt haben. Und ältere Kinder darf man schon etwas resoluter in die Pflicht nehmen, gerade wenn es um ihren eigenen Kram geht.

EURE NEUEN TAGESROUTINEN:
KINDERZIMMER

1. Oberflächen und Fußboden freiräumen

Spielzeug etc. wird an seinen festen Platz im Regal oder Schrank zurückgeräumt, Kleidungsstücke kommen in den Schrank oder in den Wäschekorb, je nach Sauberkeitsgrad.

2. „Kinderzimmerfremde" Dinge zurückbringen

Alle Dinge, die nicht ins Kinderzimmer gehören, z. B. Wassergläser, Geschirr oder Speisereste, werden mindestens einmal am Tag, besser noch zwei Mal weggeräumt.

3. Den nächsten Tag vorbereiten

Packt sonntags für die kommende Schul- oder Kindergartenwoche fünf komplette Kleidungssets zusammen, von Socken bis Pullover, und lege diese im Schrank bereit. So ist alles Nötige griffbereit und das Kind kann sich alleine anziehen, was es noch selbstständiger werden lässt.

Kinder brauchen für ihre Entfaltung viel weniger, als uns auf den Werbekanälen suggeriert und angeboten wird. Mit einer begrenzten Anzahl an Spielsachen und Bastelmaterial bleiben Kinder fokussierter und halten bei einer Aktivität länger durch. Und das tägliche Spielzeug-Chaos hält sich so auch in Grenzen.

Checkliste: Tagesroutinen für
Küche & Essbereich

- ☐ Arbeitsflächen freiräumen und abwischen
- ☐ benutztes Geschirr abwaschen bzw. die Spülmaschine einräumen
- ☐ Spüle säubern
- ☐ Herd abwischen
- ☐ Küchentisch freiräumen und abwischen
- ☐ Fußboden freiräumen
- ☐ Krümel aufkehren oder mit dem Handstaubsauger aufsaugen
- ☐ herumliegenden Müll entsorgen
- ☐ Hot Spots beseitigen

_____

_____

_____

_____

Checkliste: Tagesroutinen für das **Badezimmer**

◯ Flächen frei räumen

◯ Spiegel abwischen

◯ Waschbecken säubern und trocknen

◯ Badewannenrand säubern

◯ Duschwand abziehen

◯ Toilette säubern

◯ Haare aufkehren oder mit dem Handstaubsauger aufsaugen

_____

_____

_____

_____

Checkliste: Tagesroutinen für das **Wohnzimmer**

Am besten abends vor dem Schlafen gehen machen, damit dich am nächsten Tag ein ordentliches, einladendes Wohnzimmer begrüßt!

- ☐ Couchtisch freiräumen & abwischen
- ☐ Sofa freiräumen
- ☐ Sofakissen aufschütteln, Decken zusammenlegen
- ☐ Fußboden freiräumen
- ☐ Funktionsbereiche aufräumen
- ☐ Krümel aufkehren oder mit dem Handstaubsauger aufsaugen
- ☐ herumliegende Dinge an ihren festen Platz zurückbringen

_____

_____

_____

_____

Checkliste: Tagesroutinen für
Flur & Garderobe

○ Schuhe wegräumen

○ Jacken aufhängen

○ Accessoires verstauen

○ Fußboden freiräumen

○ Taschen, Rucksäcke etc. bereitstellen

○ Treppe und Geländer freiräumen

○ Eingangspost vorsortieren

Checkliste: Tagesroutinen für das **Schlafzimmer**

MORGENS:

◯ lüften

◯ Bett aufschütteln und machen

◯ herumliegende Dinge an ihren festen Platz bringen

ABENDS:

◯ lüften

◯ Schmutzwäsche und saubere Kleidung einsammeln und in die Wäsche geben bzw. einräumen

◯ Flächen und Fußboden freiräumen

◯ Kleidung für den nächsten Tag vorbereiten

_____

_____

_____

Checkliste: Tagesroutinen für das **Kinderzimmer**

MORGENS:

☐ lüften

☐ Bett aufschütteln und machen

☐ herumliegende Dinge an ihren festen Platz bringen

ABENDS:

☐ lüften

☐ Schmutzwäsche und saubere Kleidung einsammeln und in die Wäsche geben bzw. einräumen

☐ Spielzeug aufräumen

☐ Ablageflächen und Fußboden freiräumen

☐ Kleidung für den nächsten Tag vorbereiten

_____

_____

_____

Wochenroutinen sind der neue Großputz!

Meine Woche

MONTAG · DIENSTAG · MITTWOCH · DONNERSTAG

FREITAG · SAMSTAG · SONNTAG · NOTIZEN

Wochenroutinen

72

Du wirst schnell merken, dass deine neuen Tagesroutinen mehr Ordnung und Sauberkeit in die Räume bringen. Du wirst nicht mehr groß aufräumen und sortieren müssen, bevor du mit dem „Großputz" loslegen kannst. Und deine Räume strahlen mehr Ruhe und Klarheit aus, was dich wiederum gelassener macht, dir Zeit und Energie spart und dich mit mehr Freiraum für die schönen Dinge im Leben belohnt.

Der wöchentliche „Großputz" gibt der Grundordnung in deinem Zuhause nun den letzten Schliff. Damit du nicht immer mit Magenschmerzen an diesen Tag einmal pro Woche denken musst, benennen wir ihn um in Wochenroutinen. Auch diese Routinen leben – wie der Großputz früher – von Regelmäßigkeit und ein wenig Disziplin, aber dank der Tagesroutinen hält sich der Aufwand dafür sehr in Grenzen.

DEINE NEUEN WOCHENROUTINEN:
RAUMÜBERGREIFEND

1. Böden und Treppen reinigen

Sauge alle Böden und wische direkt im Anschluss die glatten Böden feucht auf. Verfahre ebenso mit deinen Treppen.

2. Oberflächen abstauben

Staube in allen Räumen die Regale, offenen Schrankfächer, Fensterbretter, Bilderrahmen etc. mit einem Staubtuch, einem Staubwedel oder einem feuchten Tuch ab.

3. Badezimmer intensiv reinigen

Reinige gründlich Bad und Toilette: Waschbecken, Dusche, Badewanne und Toilette sorgfältig putzen, Handtücher und Badvorleger wechseln. So duftet dein Badezimmer wieder frisch und du beugst Schimmelbildung vor.

4. Waschküche

Solltest du eine separate Waschküche für Waschmaschine und Trockner haben, staube auch hier die Oberflächen ab, um die Hinterlassenschaften von verdreckter Kleidung, Waschpulver und Staub in Schach zu halten.

5. Schlaf- und Kinderzimmer

Beziehe die Betten neu – das reicht auch alle zwei Wochen.

6. Post bearbeiten

Blocke dir ein bestimmtes Zeitfenster pro Woche für die Post. In dieser Zeit bezahlst du Rechnungen und legst wichtige Unterlagen ab. So bleibst du immer auf aktuellem Stand und versäumst keine Fristen (s. auch S. 110).

7. Mahlzeiten planen

Mache die Menü- und Einkaufsplanung für die kommende Woche und den entsprechenden Großeinkauf (s. auch S. 78/79).

8. Balkon oder Terrasse säubern

Fege und wische deinen Balkon bzw. die Terrasse. So verhinderst du, dass der Dreck von draußen in dein Zuhause gelangt.

9. Schuhe putzen

Nimm dir einmal pro Woche auch Zeit, dich um deine Schuhe zu kümmern, vor allem in den nasseren, schmutzigeren Monaten.

10. Müll entsorgen

Leere in allen Räumen die Mülleimer und bringe den Abfall in die entsprechenden Tonnen. Wenn du Altglas und Altpapier zu einer Sammelstelle bringen musst, erledige auch dies wöchentlich, um größere Ansammlungen zu vermeiden.

73

Checkliste: **Wochenroutinen**

1. Küche & Essbereich

- ☐ abstauben
- ☐ staubsaugen
- ☐ feucht wischen
- ☐ Mülleimer leeren
- ☐ Menü- und Einkaufsplanung machen
- ☐ _____

2. Badezimmer

- ◯ abstauben
- ◯ Waschbecken gründlich reinigen
- ◯ Mülleimer leeren
- ◯ Dusche und Badewanne gründlich säubern
- ◯ Toilette reinigen
- ◯ staubsaugen
- ◯ feucht wischen
- ◯ Handtücher wechseln
- ◯ _____

3. Wohnzimmer

- ◯ abstauben
- ◯ Polstermöbel absaugen
- ◯ staubsaugen
- ◯ feucht wischen
- ◯ _____
- ◯ _____

4. Flur & Garderobe

- ☐ abstauben
- ☐ staubsaugen
- ☐ feucht wischen
- ☐ Schuhe putzen
- ☐ _____
- ☐ _____

5. Schlafzimmer

- ☐ abstauben
- ☐ staubsaugen
- ☐ feucht wischen
- ☐ Bett neu beziehen
- ☐ _____

6. Arbeitsbereich

- ◯ Post bearbeiten
- ◯ Bildschirm reinigen
- ◯ abstauben
- ◯ Mülleimer leeren
- ◯ staubsaugen
- ◯ feucht wischen
- ◯ _____

7. Kinderzimmer

- ☐ abstauben
- ☐ staubsaugen
- ☐ feucht wischen
- ☐ Bett neu beziehen
- ☐ _____

8. Waschküche

- ◯ abstauben
- ◯ staubsaugen
- ◯ feucht wischen
- ◯ _____
- ◯ _____

9. Balkon oder Terrasse

- ☐ fegen
- ☐ feucht wischen
- ☐ _____
- ☐ _____

10. Unterwegs

- ◯ Altglas, Altpapier und andere Wertstoffe wegbringen
- ◯ Großeinkauf erledigen
- ◯ _____
- ◯ _____

Den **Alltag**
im Griff

Effizient und reibungslos, so wünschen wir uns alle den Alltag, damit genug Zeit und Raum bleibt für uns selbst, unsere Familie und die schönen Dinge im Leben. Leider ist das nicht immer ganz einfach, denn das Leben passiert und wir müssen flexibel reagieren, um nicht vor lauter anderen Dingen zuhause im Chaos zu versinken.

Mit ein paar Tricks und etwas Disziplin schaffst du es aber locker, alles und alle unter einen Hut zu bringen, dein Zuhause unaufwendig, aber schön zu gestalten und dabei immer noch Zeit für dich und deine Interessen zu haben. Denn die alltäglichen Aufgaben lassen sich immer noch ein bisschen optimieren, und wenn du erstmal deine Familie mit ins Boot geholt hast, läuft euer Alltag wie von selbst. Dabei sollte auch der Aspekt der Nachhaltigkeit nicht auf der Strecke bleiben, denn sie ist nicht nur langfristig bedeutend für unser Leben, sondern kann dir persönlich auch jetzt schon helfen, Zeit, Raum und Geld zu sparen.

Menüs planen: **Was kochen wir wann?**

Der Alltag hat uns oft so im Griff, dass wir gar nicht an die Essensplanung denken. Arbeit, Termine und Aktivitäten halten uns auf Trab, fürs Kochen keine Zeit. Und wenn ganz plötzlich der Hunger kommt, schmieren wir schnell ein Brot, holen etwas aus der Gefriertruhe oder fahren eben zum Bäcker um die Ecke. Doch spätestens mit Familie funktioniert das so nicht mehr.

Je mehr wir uns der Essenszeit nähern, desto quengeliger werden die hungrigen Kinder, und das Zubereiten von Mahlzeiten wird nur noch stressig und lästig, weil wir keine Ideen haben, was es geben soll. Und wenn wir uns etwas ausgedacht haben, fehlt garantiert diese und jene Zutat. Letztendlich fährt dann noch ein Erwachsener los, um das Nötigste zu besorgen, oder man geht „schnell" etwas essen oder bestellt Pizza. Egal mit welcher dieser Notlösungen: Das Essen wird dadurch unnötig verkompliziert und verzögert, der Feierabend und die Bettzeit der Kinder verschieben sich nach hinten und alle sind irgendwie gereizt.

Dabei ist das Ziel doch eine ausgewogene, gesunde Ernährung in einem entspannten Umfeld. Um dieses Ziel zu erreichen, ist eine Menüplanung eine sinnvolle Idee. Dafür erstellst du einen Menüplan, bei dem alle Mitbewohner Mitspracherecht haben, der deine Lieblingsrezepte enthält und Gerichte, die alle gerne essen, und der es dir ermöglicht, die entsprechenden Zutaten rechtzeitig zu besorgen und parat zu haben.

SCHRITT 1:
VORBEREITUNG
IST ALLES

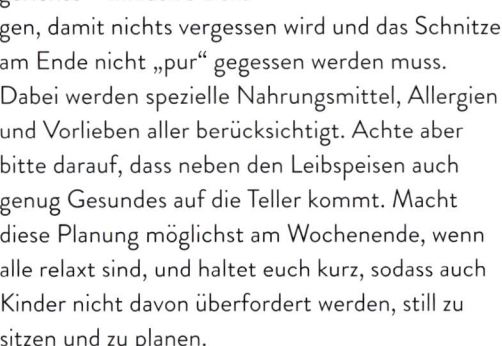

- **Lieblingsgerichte sammeln**
  Setze dich mit deinen Mitbewohnern zusammen und notiere eure Lieblingsgerichte – inklusive Beilagen, damit nichts vergessen wird und das Schnitzel am Ende nicht „pur" gegessen werden muss. Dabei werden spezielle Nahrungsmittel, Allergien und Vorlieben aller berücksichtigt. Achte aber bitte darauf, dass neben den Leibspeisen auch genug Gesundes auf die Teller kommt. Macht diese Planung möglichst am Wochenende, wenn alle relaxt sind, und haltet euch kurz, sodass auch Kinder nicht davon überfordert werden, still zu sitzen und zu planen.

- **Kochbücher & Rezeptsammlungen durchstöbern**
  Blättere durch deine Kochbücher und abgehefteten Rezepte, um Ideen für die Mahlzeiten zu erhalten. Wähle am besten Gerichte aus, die du schon einmal gekocht hast und die gemocht wurden.

- **Festtagsgerichte auswählen**
  Wenn ihr mögt, erstellt auch gleich noch eine Liste mit Gerichten, die deine Familie bei besonderen Anlässen wie Geburtstagen, Weihnachten usw. gerne isst. Hier könnt ihr auch ganze Menüs auflisten mit Vorspeisen und Nachspeisen.

- **Ausnahmen einplanen**
  Plant auch immer mal wieder einen Abend ein, an dem ihr ein neues Rezept oder etwas Besonderes zu essen ausprobieren könnt.

MENÜ
DES TAGES

SCHRITT 2:
DEN WOCHENPLAN ERSTELLEN

Erstelle jede Woche aus eurer Zusammenstellung einen Wochenplan. Du kannst auf dem Wochenplan auch notieren, wie die Gerichte bei deinen Mitbewohnern ankommen, und bei Bedarf etwas ändern, rauswerfen oder hinzufügen.

Wenn das gut läuft, erweitere den Plan beispielsweise auf vier Listen, mit denen du einen ganzen Monat planst. Diesen kannst du nach Belieben sogar einfach immer wieder genau so wiederholen. Du kannst in den Plan auch Frühstück und Abendessen aufnehmen, damit du auch hierfür immer alles Wichtige da hast.

SCHRITT 3:
LISTEN, LISTEN, LISTEN

Wenn der Wochenplan steht, geht es an die Bestandsaufnahme: Welche Zutaten sind bereits vorhanden, um die geplanten Gerichte zu kochen? Prüfe Kühl- und Gefrierfach, Speisekammer und Gewürzregal und notiere auf einer Liste, was du vorrätig hast. Auf einer zweiten Liste hältst du fest, welche Lebensmittel du noch besorgen musst. Mit dieser Liste gehst du einkaufen.

Lagere deine Menüzutaten so, dass du sie zum Kochen griffbereit hast und nicht erst lange danach suchen musst. Du kannst alle haltbaren Nahrungsmittel für ein Menü auch zusammen lagern, das spart Zeit und hilft, den Überblick zu behalten.

Nutze die Wochenangebote der Supermärkte, um deine Vorräte an haltbaren Produkten aufzufüllen. Das kann eine Menge Geld sparen und du hast immer alles da.

Unsere Lieblingsgerichte für Alltag und Feiertage

Geplante Menüs

Woche vom _____ bis _____

	FRÜHSTÜCK	MITTAGESSEN	ABENDESSEN
Montag			
Dienstag			
Mittwoch			
Donnerstag			
Freitag			
Samstag			
Sonntag			

81

Was müssen wir einkaufen?

Auf dieser Liste kannst du die Zutaten für die Menü-planung eintragen sowie alles andere, was du noch besorgen musst, z. B. Vorräte, Süßigkeiten, Haus-haltsartikel wie Toilettenpapier, Frischhaltefolie, Klebefilm, Kopierpapier etc. – so vergisst du garan-tiert nichts mehr!

KATEGORIE	WAS & WIEVIEL
Gemüse	
Obst	
Brot & Backwaren	
Getreideprodukte/Müsli/ Frühstückszutaten	
Nüsse & Kerne	
Backzutaten	
Beilagen: Reis, Nudeln etc.	
Gewürze & Salz	
Essig & Öl	

82

KATEGORIE	WAS & WIEVIEL
Fleisch, Wurst, Käse, Brotbelag	
Fisch	
Kühlprodukte & Eier	
Konserven & Fertiggerichte	
Gefriergut	
Süßwaren & Snacks	
Heißgetränke	
Alkoholfreie Getränke	
Spirituosen	
Haushaltsartikel	

Was lagert wo im **Kühlschrank**?

Wenn man Nahrungsmittel im Kühlschrank dort lagert, wo sie sich am wohlsten fühlen, bleiben sie länger frisch, aromatisch und haltbar. Dafür sollte man wissen, welche Temperaturen wo im Kühlschrank herrschen: Da warme Luft nach oben steigt, ist es auch im Kühlschrank unten am kühlsten, während es nach oben hin immer wärmer wird. Zwischen oben und unten können bis zu 6 °C Temperaturunterschied herrschen.

Oberes Fach: ca. 8 °C
Hier finden alle Lebensmittel Platz, die wenig Kühlung brauchen, etwa Butter, Margarine, Marmelade, Kuchen, Saucen, Konserven.

Mittleres Fach: 4–5 °C
Lagere hier vor allem Milchprodukte wie Quark, Joghurt, Käse und Frischkäse, Milch, Sahne, Pudding, umgefüllte Reste aus Konservendosen.

Unteres Fach: 2–3 °C
Direkt über dem Gemüsefach ist es am kältesten und damit der Platz für frische, leicht verderbliche Nahrungsmittel wie Fleisch, Wurst, Fisch, Meeresfrüchte, kälteunempfindliches Obst. Auch Gefriergut lässt sich hier schonend auftauen.

Gemüsefach: 8–10 °C
Die Glasplatte sorgt für die relativ hohen Temperaturen hier. Dank der hohen Luftfeuchtigkeit bleibt Obst und Gemüse hier knackig und frisch. Ins Gemüsefach dürfen Blattsalat, Kohl, Kräuter, Wurzelgemüse, Pilze, Porree, Lauchzwiebeln. NICHT hinein dürfen Kartoffeln (ihr Geschmack verändert sich), Gurken und Paprika (höchstens aufgeschnitten in einer Frischhaltedose), Tomaten (sie verlieren an Aroma) sowie kälteempfindliche Früchte wie Bananen.

Null-Grad-Zone: 0 °C
Viele Kühlschränke verfügen heute außerdem über ein Null-Grad-Fach, das 90 % Luftfeuchtigkeit aufweist. Damit ist es perfekt für die Lagerung von Obst und Gemüse, denn so werden die Vitamine geschont und nichts trocknet aus.

Speisereste sollten erst abkühlen, ehe sie zur Aufbewahrung in den Kühlschrank wandern: Der Kühlschrank wird sonst erwärmt und braucht zusätzliche Energie, um sich wieder auf die eingestellte Temperatur zu bringen.

Tür: variierende Temperaturen

In das obere Fach in der Tür, auch hier der wärmste Ort, gehören Eier, Butter oder Margarine. In der Mitte lagern etwa Fertigsaucen und Dressings, Senf oder angebrochene Glaskonserven. Unten stehen angebrochene Getränke, frischgepresste Säfte, Bier oder Weißwein.

- Werden geöffnete Konserven mit Resten darin in den Kühlschrank gestellt, kann sich an den Dosen Rost bilden. Darum besser umfüllen!

- Um Wurst und Käse vor dem Austrocknen zu schützen, in Frischhaltedosen aufbewahren.

- Befreie Gemüse und Früchte immer sofort von ihrer Plastikverpackung (oder kaufe sie gleich ohne): Darunter entsteht Kondenswasser, das lässt die Lebensmittel schnell schimmeln.

- Angebrochene Milch besser im mittleren Kühlschrankfach lagern als in der Tür, wo die Temperatur stark schwankt.

Müll richtig trennen

Abfalltrennung und die richtige Entsorgung unseres Hausmülls sind ein wichtiger Beitrag zu Umweltschutz und Nachhaltigkeit, denn: Je gründlicher wir trennen, umso besser können die Materialien recycelt werden. Mit einem entsprechenden Mülltrennsystem kannst du den Müll zuhause vorsortieren.

Hier findest du generelle Anregungen, wie Müll ressourcenorientiert getrennt werden sollte. Da die Mülltrennung in den Kommunen in Deutschland jedoch teilweise unterschiedlich gehandhabt wird, frage bei Unklarheiten bei deiner Kommune nach.

Biotonne

Für alle biologisch abbaubaren Abfälle aus Küche und Garten. Lege deinen Sammelbehälter in der Küche mit möglichst nicht farbig bedrucktem Zeitungspapier oder einer gebrauchten Papiertüte aus, um Flüssigkeiten aufzusaugen.

Das darf NICHT hinein:
- Kehricht und Staubsaugerbeutel → **Restmüll**
- Zigarettenkippen → **Restmüll**
- Hygieneartikel, auch ökologische → **Restmüll**
- biologisch abbaubare Plastiktüten → **Gelbe Tonne**

Obst- und Gemüseabfälle

Tee- und Kaffeesatz – auch mit Filtertüte

Eierschalen

Lebensmittelreste – roh oder gekocht

Blumen und Zimmerpflanzen

Federn und Haare – in kleinen Mengen

kompostierbare Kleintierstreu

Säge- und Hobelspäne – nur von unbehandeltem Holz

Gartenabfälle wie Gras, Laub, Schnittgrün

Altpapiertonne

Hier (oder in den öffentlichen Papiercontainern bzw. auf dem Wertstoffhof) werden Papier, Pappe und Kartons entsorgt, die unverschmutzt und unbeschichtet sind. Größere Mengen Klebeband auf Kartonverpackungen sollten entfernt werden. Kartons etc. zusammenfalten, um Platz in der Tonne zu sparen.

Papier, Pappe, Karton

Zeitungen, Illustrierte

Kataloge, Prospekte

Bücher, Hefte

Klorollen

Eierpappen

Das darf NICHT hinein:
- stark verschmutztes Papier → **Restmüll**
- beschichtetes Papier, z. B. Backpapier, Aufkleber → **Restmüll**
- Luftpolsterumschläge → **Restmüll**
- Einweggeschirr → **Restmüll**
- Fotos → **Restmüll**
- Tapeten → **Restmüll**
- Thermopapier, z. B. Kassenzettel, Fahr- und Parkscheine → **Restmüll**

Das darf NICHT hinein:
- nicht vollständig entleerte Spraydosen → **Schadstoffsammelstelle**
- CDs, DVDs, Videokassetten → **Spezialsammlung auf dem Wertstoffhof**
- Turnschuhe → **Restmüll**
- stark verschmutzte oder nicht entleerte Plastikverpackungen → **Restmüll**
- Luftmatratzen → **Restmüll oder Sperrmüll**

Wertstofftonne

In dieser (bzw. in den Gelben Sack oder die Gelbe Tonne) werden Verpackungen gesammelt, die aus Kunststoff, Aluminium, Metall oder einem Mix daraus bestehen. Die Verpackungen sollten vollständig entleert und wenig verschmutzt sein.

Plastikbecher, -folien, -flaschen

Getränkedosen, Konservendosen

Styroporverpackungen

Aludeckel, Alufolie

Verbundstoffe (beschichtete Verpackungen), z. B. Getränke- und Milchkartons, Vakuumverpackungen

Restmülltonne

Unter anderem für alle Abfälle, die wegen Verunreinigungen oder der Vermischung mit anderen Materialien nicht in die anderen Tonnen sortiert werden können.

Küchenpapier

Spül- und Putzlappen

kaputtes Geschirr

Schaumgummi

Glühbirnen

Windeln und Hygieneartikel

kaputte Kleidung

Das darf NICHT hinein:
- Elektrogeräte, Elektroschrott → Spezialsammlung auf dem Wertstoffhof
- Batterien → Sammelbehälter in Supermärkten etc. oder Spezialsammlung auf dem Wertstoffhof
- Sperrmüll → Abholung oder Spezialsammlung auf dem Wertstoffhof
- Bauschutt → Spezialcontainer auf Bestellung
- Sonderabfälle, Schadstoffe wie Farben, Lacke, Öle, Sprays → Spezialsammlung auf dem Wertstoffhof
- Energiesparlampen → Spezialsammlung auf dem Wertstoffhof

Altglascontainer

Zum Entsorgen von Glasflaschen und Einweggläsern ohne Inhalt und Deckel bzw. Korken. Man trennt nach Weiß-, Grün- und Braunglas, manchmal auch nur nach Weiß- und Buntglas. Blaues oder buntes Glas gehört zum Grünglas. Einwurfzeiten beachten, den Anwohnern zuliebe!

Das darf NICHT hinein:
- **stark verschmutzte oder nicht entleerte Gläser → Restmüll**
- **Flachglas wie Spiegel, Scheiben → Restmüll oder Sperrmüll**
- **Trinkgläser → Restmüll**
- **Bleikristall → Restmüll**
- **Blumenvasen → Restmüll**
- **Porzellan und Keramik → Restmüll**
- **Weihnachtsbaumkugeln → Restmüll**

Wertstoffhof

Es gibt Wertstoffe, die gehören in keine Tonne, sind aber trotzdem sehr wertvoll und sollten darum zum Wertstoffhof (oder Schadstoffhof, -mobil oder -sammelstelle) gebracht werden.

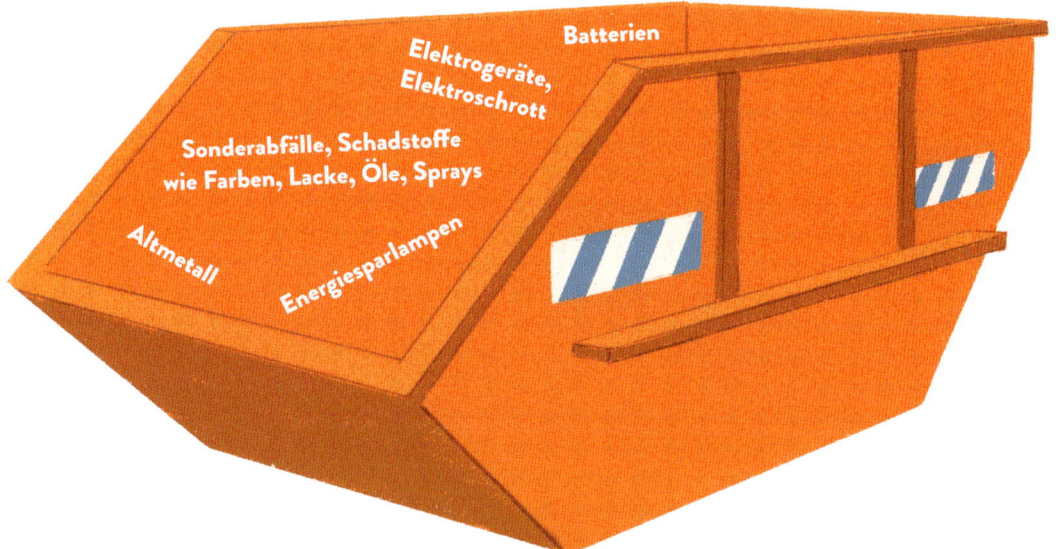

89

Den täglichen **Abfall reduzieren**

Durch gute Planung, cleveres Anschaffen neuer Dinge und volle Ausnutzung der bereits vorhandenen Sachen kann man im Alltag sehr viel Abfall einsparen – und meist auch noch bares Geld!

IN DER KÜCHE

- [ ] Selber kochen statt verpackungsintensive Fertiggerichte konsumieren.
- [ ] Aus Resten vom Vortag ein „neues" Gericht kreieren.
- [ ] Pulverkaffee zubereiten statt Kaffeekapseln verwenden.
- [ ] Leitungswasser trinken statt in (Plastik-) Flaschen abgefülltes Wasser.
- [ ] Bienenwachstuch verwenden statt Alu- oder Frischhaltefolie.
- [ ] Dauerbackmatte verwenden statt Backpapier.
- [ ] Silikonförmchen für Muffins verwenden statt Papierförmchen.
- [ ] Geschirrtücher und Baumwolllappen verwenden statt Küchenpapier.
- [ ] Stoffservietten verwenden statt Papierservietten.
- [ ] Konservengläser weiterverwenden, z. B. zur Aufbewahrung von Speiseresten im Kühlschrank oder zum Einfrieren von Lebensmitteln.

BEIM EINKAUFEN

- [ ] Mehrwegflaschen kaufen statt Einwegflaschen.
- [ ] Korb, Jutebeutel, Klappbox und Rucksack verwenden statt Plastik- oder Papiertüten.
- [ ] Mehrwegbeutel verwenden für Brot und Brötchen.
- [ ] Gemüsenetz verwenden für Obst und Gemüse.
- [ ] Im Unverpackt-Laden oder auf dem Bauernmarkt einkaufen.
- [ ] Mit Einkaufszettel einkaufen.
- [ ] Onlineshopping vermeiden.
- [ ] Kleinigkeiten vom Bäcker „auf die Hand" statt in eine Papiertüte geben lassen.
- [ ] Übrige Lebensmittel verschenken.

IM BADEZIMMER

☐ Feste Seifen für Hände, Körper und Haare verwenden statt Flüssigseife, Duschgel und Shampoo.

☐ Zahnbürsten mit Wechselkopf verwenden.

☐ Menstruationstasse und Stoffbinden verwenden statt herkömmlicher Binden und Tampons.

☐ Waschbare Abschminkpads verwenden statt Wattepads.

☐ Rasierhobel und Elektrorasierer verwenden statt Einwegrasierzeug.

☐ Kosmetika und Pflegeprodukte aus natürlichen Zutaten in Bioqualität selbst herstellen.

☐ Stofftaschentücher verwenden statt Papiertaschentücher.

UNTERWEGS

☐ Thermobecher für den Coffee to go mitnehmen statt Pappbecher benutzen.

☐ Wiederbefüllbare Metall- oder Glasflaschen verwenden statt Plastikflaschen.

☐ Pausensnacks und Mittagessen in Metalloder Glasbehältern mitnehmen.

☐ Mehrweggeschirr und -besteck verwenden statt Plastikbesteck.

VOR UND MIT DEM BABY

☐ Gebrauchte Umstands- und Babymode kaufen.

☐ Gebrauchte Babyausstattung kaufen.

☐ Stoffwindeln verwenden statt Einwegwindeln.

☐ Stoffwaschlappen verwenden statt Feuchttücher.

BEI DER ARBEIT

☐ Dokumente elektronisch versenden und senden lassen und abspeichern statt ausdrucken und abheften.

☐ Die Rückseite von Fehldrucken als Schmierpapier oder erneut zum Bedrucken nutzen.

☐ Akkubetriebene Geräte verwenden statt mit Batterien betriebene.

☐ Bleistift verwenden statt Kugelschreiber.

☐ Kugelschreiber mit Nachfüllminen verwenden.

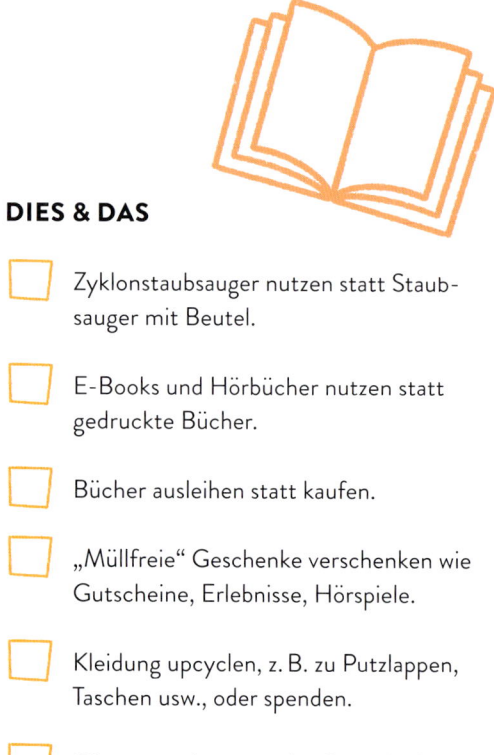

DIES & DAS

- ☐ Zyklonstaubsauger nutzen statt Staubsauger mit Beutel.

- ☐ E-Books und Hörbücher nutzen statt gedruckte Bücher.

- ☐ Bücher ausleihen statt kaufen.

- ☐ „Müllfreie" Geschenke verschenken wie Gutscheine, Erlebnisse, Hörspiele.

- ☐ Kleidung upcyclen, z. B. zu Putzlappen, Taschen usw., oder spenden.

- ☐ Dinge tauschen statt kaufen, z. B. Spiele, Kleidung, Bücher, Werkzeug.

- ☐ Kostüme ausleihen statt kaufen.

DIE 5 RS DER ZERO-WASTE-BEWEGUNG

Die Zero-Waste-Bewegung fasst ihre Prinzipien zur Müllvermeidung wie folgt zusammen:

1. *Refuse:* **Lehne ab, was du nicht brauchst.**
   Sage Nein zu unnötigem Gratiskram wie Kosmetikproben, Flyern, Werbeartikeln etc.

2. *Reduce:* **Reduziere deinen Konsum.**
   Konzentriere dich auf das Wesentliche, denn weniger ist mehr. Vermeide den Konsum von „Reduziert"-Ständern oder Sonderangeboten, die du nicht brauchst.

3. *Reuse:* **Repariere Dinge und verwende alles weiter.**
   Setze auf Qualitätsprodukte und repariere diese, statt etwas Neues anzuschaffen. Kaufe Gebrauchtes und verkaufe oder verschenke, was du nicht mehr brauchst. Kreiere Neues aus abgelegten Dingen, etwa Shorts aus langen Hosen.

4. *Recycle:* **Entsorge nicht Verwertbares bewusst und sinnvoll.**
   Bringe Dinge zurück in den Recycling-Kreislauf. Trenne Müll und schone so die Ressourcen.

5. *Rot:* **Nutze Dinge, die verrotten können.**
   Bevorzuge Produkte aus biologisch abbaubaren Materialien, damit alles, was jetzt noch an Müll anfällt, kompostiert werden kann. So gibt es der Erde Nährstoffe zurück.

92

Was ich in Zukunft anders machen will, um Müll zu reduzieren

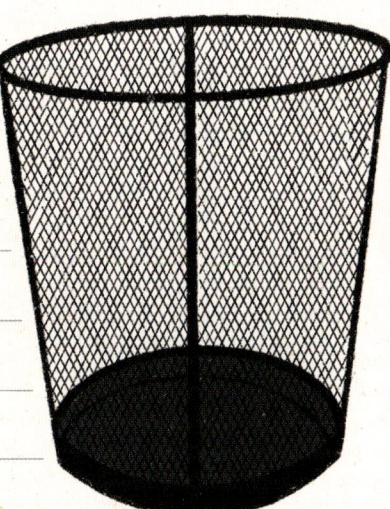

93

Waschen und Bügeln:
Wie und wie am schnellsten?

Wem von uns kommt das nicht bekannt vor: Wäsche-berge türmen sich vor der Waschmaschine, Körbe mit getrockneter Wäsche stapeln sich und die Teile darin warten darauf, zusammengelegt oder gebügelt zu werden, und in gefühlt jedem Zimmer des Hauses verteilt sich Schmutzwäsche: Das Thema Wäsche erscheint uns häufig endlos.

Da das Wäscheaufkommen stark davon abhängt, wie viele Personen im Haushalt leben und ob Hobbys oder Beschäftigungen nachgegangen wird, bei denen viel Schmutzwäsche anfällt, sind unterschiedlich viele Wäschetage notwendig. Gerade wenn Kinder mit im Haus wohnen, sollte man sich täglich um die Wä-sche kümmern, damit die Wäscheberge nicht ins Unendliche wachsen und uns das Gefühl geben, das nie schaffen zu können.

5 TIPPS, DIE DEINEN WASCHALLTAG SOFORT VEREINFACHEN

1. Schaffe nur Kleidungsstücke an, die gut mit-einander kombinierbar und möglichst bügelfrei sind. Dann kannst du einzelne Teile wechseln, ohne sofort das gesamte Outfit waschen zu müssen, und du sparst dir das Bügeln.

2. Trage Kleidungsstücke mehr als einmal, nicht alles muss sofort in die Wäsche. Bei Hosen, Röcken, Kleidern und Nachtwäsche ist das gut möglich; bei Babys und Kindern muss man die Kleidung natürlich öfter wechseln.

3. Binde deine (kleinen) Kinder mit ein: Lass sie die Wäsche vorsortieren, die Waschmaschine einräumen und starten, Socken zusammenlegen oder kleine Teile falten.

4. Sieh für jeden größeren Mitbewohner einen Wäschekorb vor, in den du die saubere Wäsche legst. So kann jeder seine Kleidung selbst zusammenlegen und in den Schrank räumen.

5. Sammle die Schmutzwäsche möglichst nach Farben getrennt in verschiedenen Boxen oder Körben. So behältst du den Überblick, wie viel von welcher Farbe da ist.

DEINE NEUE WASCHROUTINE

Eine Routine kann dich dabei unterstützen, das Wäschechaos zu vermeiden und immer ausreichend saubere, tragbare Wäsche zur Hand zu haben. Folge immer genau diesem Ablauf und lasse keine tagelangen Pausen zu.

1. **Zeitschaltuhr nutzen**
   Nutze die Möglichkeit bei den meisten Maschinen, die Maschine so zu programmieren, dass sie fertig ist, wenn du Zeit hast, sie auszuräumen.

2. **Sofort trocknen**
   Hänge die gewaschene Wäsche sofort auf die Leine oder auf den Wäscheständer oder gib sie in den Trockner.

Wenn du Shirts, Blusen, Hemden und Kleider zum Trocknen auf Bügel hängst, sparst du dir viel Mühe beim Bügeln.

3. **Sofort bügeln und zusammenlegen**
   Getrocknete Wäsche sollte schnellstmöglich zusammengelegt bzw. gebügelt und eingeräumt werden: So vermeidest du unnötige Knitter und die frische Wäsche liegt nicht tagelang herum und wird staubig.

Heute wasch ich,
morgen bügel ich ...

	WASCHEN	BÜGELN
Montag		
Dienstag		
Mittwoch		
Donnerstag		
Freitag		
Samstag		
Sonntag		

Schul- und Arbeitstage organisieren

Feste Abläufe und kleine neue Routinen helfen dir dabei, auch Schul- und Arbeitstage, an denen es vor allem morgens schnell gehen muss, stressfrei zu gestalten.

AM ABEND DAVOR

🌸 Die Basis schaffst du mit deinen Tagesroutinen (s. ab S. 54), dank derer du morgens in aufgeräumte, saubere Räume kommst und unbelastet in den neuen Tag startest. Auch das Herauslegen der Kleidung für den nächsten Tag gehört zu diesen Routinen und spart gerade an Werktagen viel Zeit.

🌸 Überlege dir jetzt schon, was am nächsten Morgen gefrühstückt wird, und bereite den Tisch soweit wie möglich vor, ebenso die Pausensnacks und Getränke für den nächsten Tag: Alles, was nicht ganz frisch zubereitet oder abgefüllt werden muss, kann bereits jetzt vorbereitet und in die Lunchboxen gepackt werden.

🌸 Werfe einen Blick in den Kalender: Gibt es Termine am nächsten Tag, was steht bei wem an? Besprechе den Ablauf mit deiner Familie.

🌸 Gehe nicht zu spät ins Bett.

AM MORGEN

🌸 Stehe etwa 15 Minuten vor dem Rest der Familie auf, um in Ruhe wach zu werden und dich anzuziehen. Vielleicht nimmst du dir sogar Zeit für etwas Yoga oder Meditation.

🌸 Wecke deine Kinder und sorge dafür, dass sie sich anziehen und fertigmachen. Führe parallel dazu deine morgendlichen Tagesroutinen wie Betten machen und lüften durch.

🌸 Gib nach dem Frühstück das benutzte Geschirr direkt in die Spülmaschine oder spüle es ab.

🌸 Fülle die Waschmaschine und programmiere sie so, dass sie fertig ist, wenn du heimkommst.

AM MITTAG

🌸 Wenn du nach Hause kommst, sortiere am besten noch im Flur die Post vor (s. S. 122). Dann bereitest du gemäß Menüplan (s. S. 78) das Mittagessen vor.

🌸 Räume nach dem Essen die Küche auf: Wische den Esstisch ab, räume die Spülmaschine aus und stelle das benutzte Geschirr hinein oder spüle ab.

🌸 Hänge die fertige Wäsche auf oder gib sie in den Trockner und erledige dann alles andere, was du dir für den Tag im Haushalt vorgenommen hast.

AM NACHMITTAG

🌸 Denke in dem Trubel mit den Kindern, die ihre Hausaufgaben erledigen oder zu ihren Freizeitaktivitäten gebracht werden müssen, auch an dich selbst und gönne dir mindestens eine Pause von 20 Minuten, in der du einfach nichts machst und dich entspannst.

🌸 Bereite das Abendessen gemäß Menüplan vor.

Mein Plan
für Schul- und Arbeitstage

Aufgaben **delegieren**

Mit deinen neuen Tages- und Wochenroutinen hast du mittlerweile den Haushalt gut im Griff, und auch dein Partner und deine Familie haben sicher schon bemerkt, dass sich einiges zum Positiven verändert hat. Doch so richtig mitziehen möchten sie noch nicht, denn wer legt schon gerne lieb gewonnene und durchaus sehr bequeme Gewohnheiten ab? Auf der Couch vor dem Fernseher zu liegen oder im Internet zu surfen macht natürlich mehr Spaß, als die Schuhe im Flur oder das Kinderzimmer aufzuräumen.

Gerade am Anfang erscheint es uns deshalb einfacher, wenn wir die Veränderungen im Haushalt und die Routinen selbst durchführen. Doch auf Dauer ist es einfach frustrierend, die ganze Arbeit alleine zu machen. Und das muss auch nicht sein: Binde deine Familie aktiv ein.

SCHRITT 1:
VERBÜNDETE INS BOOT HOLEN

Dein Ziel ist es, dass alle Familienmitglieder zu deinen Partnern im Haushalt werden und ihr gemeinsam an einem Strang zieht.

> Das Wichtigste bei diesem Schritt: Sei offen und ehrlich, nicht bestimmend. Wer zu etwas verpflichtet wird, wird nicht oder nur ungern mitarbeiten. Wer aber verstanden hat, worum es geht, kann eigene Lösungen entwickeln, die er auch gerne umsetzen wird.

❀ Vereinbare einen Gesprächstermin mit deiner Familie zu einer Zeit, zu der alle entspannt sind.

❀ Erkläre, warum du ab sofort dauerhaft mehr Ordnung und Sauberkeit in den Haushalt bekommen willst und weise auf deine ersten Erfolge durch die Vereinfachung und die Routinen hin.

❀ Erkläre dann, dass es dir wichtig ist, dass alle dazu beitragen. Frage deine Mitbewohner, wie sie sich das vorstellen könnten, und notiere die Ideen und Vorschläge.

❀ Stelle klar, dass jeder selbst verantwortlich ist für seine persönlichen Dinge und dass du diese nun nicht mehr aufräumen wirst. Führe dazu pro Person einen Ordnungskorb ein (s. Schritt 2).

❀ Schaut euch gemeinsam deine Routinen-Checklisten (ab S. 66) an, damit alle wissen, was getan werden muss, um die von dir so toll geschaffene neue Ordnung zu erhalten – und damit sie sehen, dass es immer nur um kleine Handgriffe geht, die aber eine große Wirkung haben.

Kopiere die Checklisten und hänge sie in jedem Raum sichtbar auf, sodass jedes Familienmitglied ganz leicht Zugriff darauf hat.
- Entwickelt aus den Checklisten einen Aufgabenplan für die ganze Familie (ihr könnt dafür die Vorlage auf S. 102 nutzen). Kinder übernehmen in der Regel gerne Aufgaben, die ihrem Alter angemessen sind, und wenn klar vereinbart ist, wer was macht, gibt es auch keine Ausreden mehr.
- Überlegt euch, wie ihr euch für das gemeinsame Arbeiten belohnen könnt, etwa mit einem Ausflug am Wochenende, denn durch die Routinen unter der Woche habt ihr nun am Wochenende Zeit für andere Dinge und müsst nicht zuerst das ganze Haus aufräumen.

SCHRITT 2:
ORDNUNGSKÖRBE EINFÜHREN

Wenn die anderen Familienmitglieder die Verantwortung für ihre persönlichen Dinge anfangs noch nicht so recht übernehmen möchten oder Unterstützung benötigen, um sich daran zu gewöhnen, sind Ordnungskörbe eine gute Sache: Damit ermahnst du die anderen nicht zur Ordnung, räumst ihnen aber auch nicht ihre Sachen hinterher. So bleibt der Haussegen erhalten und das Kümmern um die eigenen Dinge kommt von ganz allein.

Du gehst so vor, dass du herumliegende Dinge, die einer bestimmten Person im Haushalt zuzuordnen sind, in einem Korb sammelst, der ebenfalls dieser Person zugeordnet ist. Das können die Malutensilien vom Küchentisch sein, das Spielzeug aus dem Wohnzimmer, Zeitschriften vom Esstisch oder auch Schmutzwäsche. Wenn ein Teil zu groß für den Korb ist, z. B. die unausgepackte Sporttasche im Flur, dann stelle sie einfach daneben.

Lass deine Kinder (mit) aussuchen, welche Farbe und Form ihr Ordnungskorb haben soll. Von den Maßen her sollte der Korb oder die Kiste so groß sein, dass auch ein großes Spielzeug problemlos hineinpasst.

Die Körbe werden in den jeweiligen Zimmern aufgestellt oder – für dich noch einfacher – am Treppenaufgang bzw. im Flur. Mit den Ordnungskörben räumst du Dinge weg, die für Unordnung sorgen, räumst sie aber nicht für die anderen auf – dafür ist der Korbinhaber selbst verantwortlich. Spätestens, wenn erst im Korb gewühlt werden muss, um ein bestimmtes Teil wiederzufinden, wird der Lerneffekt eintreten und die Körbe werden regelmäßig ausgeräumt.

Unser Aufgabenplan: Wer macht was

Tätigkeit/Name					
Frühstück vorbereiten					
Essen vorbereiten					
Tisch decken					
Tisch abräumen					
Spülmaschine ausräumen					
Arbeitsflächen aufräumen und abwischen					
Spüle säubern					
Müll rausbringen					
Herumliegende Dinge aufräumen: im Wohnzimmer					
Herumliegende Dinge aufräumen: im Flur					
Herumliegende Dinge aufräumen: im Schlafzimmer					
Herumliegende Dinge aufräumen: im Kinderzimmer					
Herumliegende Dinge aufräumen: im Badezimmer					

Tätigkeit/Name					
Bettwäsche wechseln					
Staubsaugen					
feucht aufwischen					
Fenster putzen					
Wäsche sortieren					
Wäsche waschen					
Wäsche zusammenlegen					
Wasche bügeln					

Die **3 Grundregeln** für Deko-Queens

Dekoration ist schön, doch zu viel des Guten schlägt schnell ins Gegenteil um, und dann werden Deko-elemente zu einer Quelle für Chaos und Unordnung. Damit die Deko dein Wohlfühlzuhause wirklich verschönert, solltest du folgende Prinzipien beherzigen:

1. Bleibe reduziert: Weniger ist mehr!
2. Dekoriere saisonal: mit natürlichen Materialien.
3. Hübsche auf, was du hast: mit ein paar tollen, einfachen Upcycling-Ideen.

WENIGER IST MEHR!

 Wenn du Dekoobjekte kaufst, achte auf Qualität, damit sie dir lange erhalten bleiben. Kaufe lieber nur ein paar hochwertige Stücke als Unmengen an billigem Kram, den du schon bald nicht mehr sehen kannst und der dann in der Mülltonne landet.

 Mit verschiedenen Oberflächenstrukturen – Leder, Samt, Wolle, Holz, Metall – kannst du tolle Akzente setzen: Variiere dafür bei Kissen, Decken, Teppichen oder Vasen.

 Bleib minimalistisch, wie du es beim Ausmisten gelernt hast: Begrenze deine Einrichtung auf die notwendigen Möbelstücke, wenige Bilder und große Einzelstücke wie Vasen oder Lampen.

 Wähle deine Möbel auch nach ihrem praktischen Nutzen aus: Sie sollten dir sowohl optisch gefallen, als auch ausreichend Stauraum bieten.

 Fülle nicht jeden freien Platz an der Wand oder im Regal, lasse bewusst Freiräume.

 Setze auf eine neutrale Basisdekoration, die du je nach Saison mit Einzelstücken ergänzen kannst.

 Wende auch bei deiner Dekoration die Eins-rein-eins-raus-Regel an: So verhinderst du das Ansammeln von Staubfängern.

104

DEKORIERE SAISONAL

Mit Naturmaterialien zu dekorieren, ist nicht nur kostengünstig und nachhaltig, weil dafür nichts extra produziert werden muss, sondern es bringt durch harmonische Farben und Düfte Ruhe und Wohlbehagen in die eigenen vier Wände.

❁ Nimm beim Spazierengehen im Park, im Wald oder am Strand eine Tüte oder einen Behälter mit und sammle ein, was dir als Deko für dein Zuhause gefallen könnte.

**Achtung:
Nicht alles darf einfach so mitgenommen werden! Übe einen wertschätzenden Umgang mit der Natur und ihren Schätzen.**

❁ Wähle Topfpflanzen statt Schnittblumen: Sie machen dir länger Freude und du produzierst keinen unnötigen (Bio-)Müll.

❁ Ziehe ab Frühherbst Blumenzwiebeln deiner Wahl im Kübel oder in Einmachgläsern – sie werden zur tollen Dekoration, wenn sie blühen.

❁ Bemale zu Ostern ausgeblasene Eier mit Naturfarben und hänge sie an einen Strauß aus Palmkätzchen oder arrangiere sie in einer hübschen Schale oder in einer Eierpappe.

❁ Arrangiere Sand, Muscheln, Steine und Meerglas in einer großen Schale oder einem hübschen Einmachglas.

❁ Beklebe ein Einmachglas mit Muscheln und stelle eine Kerze hinein.

❁ Nutze große Muscheln als dekorative und praktische Schale für Seife oder Schmuck.

❁ Klebe Muscheln und Sand zu fantasievollen Bildern auf eine Unterlage aus fester Pappe.

- Trockne im Herbst Kastanien oder Eicheln und befülle ein Einmachglas damit.

- Umwickle ein leeres Konservenglas mit Herbstlaub und stelle eine Kerze hinein.

- Fädle gepresstes und getrocknetes Herbstlaub auf eine Schnur und hänge sie ins Fenster.

- Arrangiere Zierkürbisse auf Tische und Ablagen.

- Eierpappen können eine hübsche Schale für kleine Glaskugeln zu Weihnachten sein.

- Kreiere aus Stöcken, Zweigen, Baumrinde und Tannenzapfen dein Adventsgesteck oder einen Türkranz.

- Bemale die Schalen von Walnüssen in Gold und beschrifte sie als Geschenkanhänger.

- Aus Mistelzweigen kannst du tolle Gestecke für die Eingangstür gestalten.

HÜBSCHE AUF, WAS DU HAST

Beim Upcycling werden vorhandene, häufig kaputte und nicht mehr für ihren eigentlichen Zweck nutzbare Materialien neu verwertet. Das ist nicht nur nachhaltig, sondern auch sehr kreativ, und man erschafft damit originelle Einzelstücke.

- Funktioniere leere Einweg-Glasflaschen zu Blumenvasen oder Kerzenständern um. Entferne mit Olivenöl oder Haushaltsbenzin das Etikett und stelle eine Blume hinein oder stecke eine Kerze in die Flaschenöffnung. Du kannst die Flasche auch z. B. mit einer Kordel aus Jute umwickeln.

- Ausgediente Bücher geben einen tollen Messerblock ab. Stelle die Bücher dazu dicht an dicht und halte sie mit einem Band oder Klettverschlussband zusammen. Stecke die Messer zwischen die Seiten.

- Sammle mehrere Korken, schneide sie in gleich dicke Scheiben und klebe die Scheiben zu einem Topfuntersetzer zusammen. Du kannst die Korkenscheiben auch in einer Schlauchklemme befestigen, dann hast du gleich eine Einfassung.

Korken – natürlich nur die echten, nicht die aus Kunststoff – sind wertvolles Naturmaterial! Wirf sie daher nicht einfach weg, wenn du sie nicht mehr benötigst, sondern informiere dich, wo es eine Sammelstelle für Korken in deiner Nähe gibt (z. B. in manchen Supermärkten), und bringe deine Korken regelmäßig dorthin.

AUS ALT MACH *schön*

🌸 An einer alten Harke aus Metall kannst du Weingläser aufhängen: Trenne die Harke von ihrem Stiel und hänge sie mit den Zacken nach unten an einer stabilen Schnur an die Wand. Die Gläser können nun kopfüber zwischen die Zacken gehängt werden.

🌸 Klopapierrollen sind super dankbare Statisten für Upcycling-Projekte! Wenn du sie mit hübschem Papier beklebst oder bemalst, werden sie zu praktischen und dekorativen Stiftständern – kürze dafür z. B. drei Rollen auf unterschiedliche Längen und klebe sie nach dem Bemalen oder Bekleben aneinander. Befestige das Arrangement auf einem stabilen Untergrund.

🌸 Durchlöchere mit Hammer und Nagel die Wände einer entleerten (und gründlich ausgewaschenen) Konservendose und befestige eine Kerze darin. Mit einer Aufhängung wird aus dem Windlicht eine Laterne.

🌸 Verwandle abgetragene Pullis oder Westen in Kissen. Schneide dazu die Ärmel ab, bringe den verbleibenden Stoff auf die gewünschte Größe und nähe die Ränder rundherum zu, nachdem du das Kissen befüllt hast. Hübsche Knöpfe oder Bänder geben tolle Verzierungen ab.

🌸 Ausgediente Gummistiefel lassen sich wunderbar als Pflanzkübel verwenden. Bohre dazu ein paar Abflusslöcher unten in die Stiefel und gib eine Lage Kiesel als Drainage hinein. Fülle den Stiefel dann mit Blumenerde auf und bepflanze ihn nach Belieben.

🌸 Beklebe Schuhkartons mit hübschen Geschenkpapieren und verwende sie als dekorative Aufbewahrungsboxen weiter.

🌸 Kleinere Obstkisten, z. B. für Mandarinen, kann man hübsch bemalen und als Tablett benutzen. Aus größeren Obstkisten werden Regale, Raumteiler oder Pflanztröge; der Fantasie sind dabei keine Grenzen gesetzt! Zahlreiche Ideen und Anleitungen findest du beispielsweise in einschlägigen Bastelbüchern.

GETSHITDONE

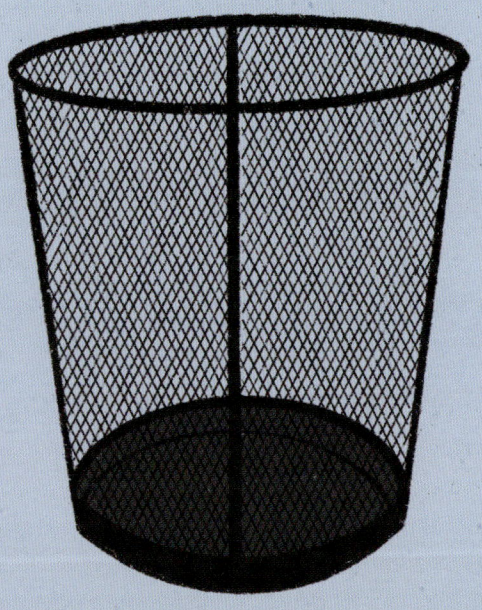

Finanzen und Dokumente
unter Kontrolle

Finanzielle Angelegenheiten und die Bewältigung von Papierkram sind uns lästig, doch leider gehören sie zu den wichtigen Dingen im Leben und wir haben keine andere Wahl, als uns darum zu kümmern. Wer sich allerdings einmal etwas näher mit seinen monatlichen Einnahmen und Ausgaben beschäftigt hat, erkennt schnell, wohin all das Geld wandert den Monat über und wo es Einsparpotentiale gibt. Diese verstecken sich vor allem im täglichen Umgang mit Ressourcen, sodass wir uns ansehen werden, wie man hier bewusster, nachhaltiger und damit auch sparsamer agieren kann. Und mit einem guten, wohldurchdachten System wird dir auch der Papierkram bald keine Angst mehr machen, denn du wirst sehen: Du hast alles unter Kontrolle!

Das monatliche **Budget** einhalten

In unserer Konsumwelt ist es manchmal gar nicht so einfach, mit seinem Einkommen auszukommen. Auf allen Kanälen versucht man, uns einzureden, was wir noch alles zum Glücklichsein bräuchten. Kreditkarten werden überzogen und Konsumkredite werden genutzt, um sich das Neueste zu leisten, ob elektronische Geräte oder Möbel, oder für andere Luxusgüter wie Reisen oder kostspielige Sportausrüstungen. Die Folge: Schon vor Monatsende ist das Konto leer geräumt und wir müssen mehr arbeiten oder andere Wege finden, um das wieder auszugleichen. Spätestens dann ist es Zeit für einen Realitätscheck: Wo geht das ganze Geld hin, warum kommen wir einfach nicht damit aus?

SCHRITT 1:

MONATLICHE AUSGABEN NOTIEREN

Verschaffe dir einen Überblick über deine durchschnittlichen monatlichen Einnahmen und Ausgaben, indem du idealerweise ein ganzes Jahr lang ein Haushaltsbuch führst, entweder als richtiges Notizbuch oder in einer App.

Das Haushaltsbuch gibt dir detailliert Aufschluss über deine Ausgaben. Du kannst auch unsere Tracker (ab S. 132) nutzen, um einen Überblick zu bekommen.

1. Bilde im Haushaltsbuch Kategorien für die anfallenden Kosten – je weniger Kategorien, desto schneller geht es, aber desto ungenauer wird die Aufstellung auch.
2. Sammle alle Kassenzettel und übertrage die Beträge einmal täglich in das Haushaltsbuch.
3. Runde die Beträge auf, damit es schneller geht.

HAUSHALTS BUCH

Die am häufigsten anzusetzenden Kategorien für Ausgaben sind:
- **Wohnen:** Miete/Abtrag, Nebenkosten, Strom, Wasser
- **Mobilität:** Leasing-/Kreditrate fürs Auto, Benzin, öffentliche Verkehrsmittel
- **Kommunikation:** Festnetztelefon, Handy, Internet
- **Finanzen:** Kontoführungsgebühren
- **Haushalt:** Lebensmittel, Hygiene- und Kosmetikprodukte
- **Medizinische Versorgung:** Zahnarzt, Brille, Sonderleistungen
- **Kleidung und Schuhe**
- **Kinder:** Babysitter, Hort- und Kindergartengebühren
- **Freizeit:** Essen gehen, Hobbys, Ausflüge, Urlaub, Genussmittel
- **Medien:** Zeitschriften, Zeitungen, Abos
- **Tierhaltung:** Tierarztkosten, Futtermittel etc.
- **Geschenke**

SCHRITT 3:
MONATLICHES EINKOMMEN NOTIEREN

Notiere außerdem, aus welchen Quellen und in welcher Höhe du regelmäßig Einkünfte verzeichnen kannst. Neben deinem Gehalt und eventuellen Sonderzahlungen wie Urlaubs- und Weihnachtsgeld können das z. B. Unterhaltszahlungen, Kindergeld oder Einkünfte aus Nebenjobs oder Vermietungen und Verpachtungen sein.

SCHRITT 4:
DURCHSCHNITTLICHE MONATLICHE BILANZ ERRECHNEN

Um den monatlichen Durchschnittswert der Ausgaben und Einnahmen zu ermitteln, addierst du alle Kosten und alle Einnahmen und teilst sie jeweils durch 12 Monate. Das Ergebnis zeigt dir, ob das monatlich zur Verfügung stehende Geld deine Ausgaben decken kann.

SCHRITT 2:
JÄHRLICHE SONDERAUSGABEN NOTIEREN

Um die tatsächlichen monatlichen Durchschnittskosten zu ermitteln, halte auch deine Jahresausgaben in deinem Haushaltsbuch fest.

SCHRITT 5:
FRAGEN STELLEN

Ziehe nun ehrlich Bilanz:
Wofür musst du monatlich Geld ausgeben, was ist verzichtbar?
Was würdest du dir gerne einmal leisten und wie viel müsstest du dafür sparen?

111

Jährliche Ausgaben sind in der Regel:
- **Versicherungen**
- **KFZ-Steuer**
- **Beiträge für Vereine und Clubs** wie Fitnessstudio, Verkehrsverband, Wanderverein etc.

SCHRITT 6:
AUSGABEN REDUZIEREN

Mit folgenden Maßnahmen kannst du versuchen, deine Ausgaben zu senken:

- Selber kochen statt Essen gehen.
- Mit konkreter Einkaufsliste einkaufen.
- Budget definieren und mit diesem Betrag in bar einkaufen.
- Auf Frust- und Freizeitshoppen verzichten.
- Sportausrüstung ausleihen statt anschaffen.
- Carsharing nutzen.
- Ungenutzte Abos kündigen.
- Versicherungen überprüfen (lassen) und bei Bedarf wechseln.

SCHRITT 7:
HAUSHALTSGELD VERWALTEN
MIT BUDGET-UMSCHLÄGEN

Budget-Umschläge sind ein wirkungsvolles Instrument, um das monatlich verfügbare Geld zu verwalten und die Kontrolle über die Ausgaben zu behalten.

1. Lege pro Kostenkategorie, die du im Haushaltsbuch ermittelt hast, einen Umschlag an, außerdem einen Spar-Umschlag.
2. Lege von deinem Einkommen von vornherein 10 % in den Spar-Umschlag.
3. Verteile das restliche Monatsbudget auf die Umschläge, berücksichtige dabei die Werte, die du im Haushaltsbuch ermittelt hast.
4. Deponiere einen festen Betrag an Bargeld in deiner Geldbörse, z. B. 100 Euro, das du aus den Umschlägen zusammenstellst.
5. Sammle die Belege deiner Einkäufe pro Tag und verrechne die Ausgaben mit den jeweiligen Konsumumschlägen. Danach sollte deine Geldbörse abends wieder mit 100 Euro gefüllt sein.
6. Notiere alle Ausgaben auf dem jeweiligen Umschlag.
7. Sollte das Budget in einem Umschlag nicht ausreichen, passe es an, indem du das Budget eines anderen Umschlages reduzierst.

Willkürliches Hin- und Herschieben des Geldes zwischen den Umschlägen solltest du vermeiden, um den Überblick zu behalten.

8. Wenn ein Umschlag vor Monatsende leer ist, dann ist er leer. Versuche, keine Ausgaben mehr für diese Kategorie zu tätigen, etwa indem du Fahrrad statt Auto fährst oder dir einen gemütlichen Abend zu Hause machst statt auszugehen.
9. Fülle leere Umschläge nicht mit Erspartem auf.

SCHRITT 8:
SPARZIELE ERREICHEN

Versuche jeden Monat, etwas zur Seite zu legen, am besten über die 10% deines Gehalts hinaus. Beschreibe und visualisiere dafür auf der folgenden Doppelseite, was du dir wünschst und halte fest, wie viel Geld du dafür benötigst und wie viel du in welchem Monat zur Seite gelegt hast, z.B. eine Weiterbildungsmaßnahme für 1000 Euro: Wenn du dir diese Seite immer wieder ansiehst, fällt es dir leichter, auf etwas zu verzichten und das Geld dafür in den Spar-Umschlag zu legen, zu den 10 % deines Gehalts vom Monatsanfang.

Klebe den Umschlag am Monatsende zu und stecke ihn in einen großen Spar-Umschlag: So vermeidest du, auf die Ersparnisse zurückzugreifen. Öffne die gesammelten Umschläge einmal pro Jahr, freue dich über den Betrag und gib ihn für etwas aus, das du dir schon lange gewünscht hast.

113

Davon träume ich

Mein Sparplan

Ziel: _____

erforderlicher Gesamtbetrag: _____

MONAT	EINGESPARTER BETRAG

Ziel: _____

erforderlicher Gesamtbetrag: _____

MONAT	EINGESPARTER BETRAG

Geld sparen & Ressourcen schonen – ganz praktisch!

Mit diesen cleveren Ideen und Lifehacks sparst du nicht nur jeden Tag bares Geld, sondern schonst auch noch die Umwelt und unsere Ressourcen!

> Lass dich von diesen Vorschlägen inspirieren und überlege dir, was du selbst noch tun kannst, um nachhaltiger und sparsamer zu leben. Notiere deine Ideen ab S. 120.

🌼 Natürlich düngen

Nutze das abgekühlte Wasser, in dem du Eier oder Kartoffeln gekocht hast, um deine Pflanzen zu gießen: Das Kochwasser enthält wertvolle Nährstoffe und du sparst Wasser sowie ein Düngemittel. Ein anderer natürlicher Dünger ist Wasser, das du nach dem Kaffeebrühen durch den noch vollen Filter laufen lässt.

🌼 Seifenmenge limitieren

Meist kommt aus dem Seifenspender am Waschbecken mehr Seife heraus, als man bräuchte. Wickle ein Gummiband um den Hals des Spenders: Der Pumpkopf kann so nicht mehr ganz heruntergedrückt werden und es kommt weniger Seife raus.

🌼 Wäsche auf der Leine trocknen

Ein Wäschetrockner ist einfach zu bedienen und trocknet Gewaschenes recht schnell. Doch dieser Komfort hat seinen Preis: Die Stoffe der Kleidungsstücke leiden unter der Hitze, es muss viel Energie aufgewendet werden, und für die Herstellung des Trockners werden viele nur begrenzt auf der Erde vorhandene Metalle eingesetzt. Nutze daher lieber eine Wäscheleine oder einen Wäscheständer und lasse deine Wäsche am besten draußen an der frischen Luft trocknen.

> Noch besser wäre es, von Flüssigseife auf feste Seife umzustellen: Das spart Plastikverpackungen ein, denn die festen Seifenstücke sind meist nicht nochmal verpackt. Außerdem vermeidest du jede Menge Chemie, die in Flüssigseife enthalten ist. Auch für den Körper und für die Haare gibt es Seifen, mit denen man Duschgel und Shampoo ersetzen kann. Außerdem sind Seifenstücke sehr ergiebig, sie können nicht auslaufen und nehmen wenig Platz weg – ideal für Reisen!

Körperkraft nutzen

In den meisten Haushalten gibt es zwei oder noch mehr Motorfahrzeuge, die wir nutzen, um zur Arbeit zu fahren, die Kinder in die Kita zu bringen oder einzukaufen – einfach weil die Zeit knapp ist oder aus Bequemlichkeit. Gewöhne dir an, mehr mit dem Rad oder zu Fuß zu machen, und tue damit auch dir selbst etwas Gutes: Du bekommst mehr Bewegung und baust dadurch Stress ab und Kondition auf. Außerdem produzierst du keine Abgase und sparst eine Menge Geld für Benzin. Wer Rolltreppe oder Fahrstuhl meidet und stattdessen die Treppe nimmt, bleibt ebenfalls fit und spart den Strom für die Betreibung der Maschinen ein.

Selbst kochen und Reste verwerten

Fertiggerichte, Restaurantbesuche, Pizzalieferungen: Die Liste der Angebote für alle, die wenig Zeit und großen Hunger haben, ist lang – und teuer. Außerdem weiß man zumindest bei den Fertiggerichten nicht, was drin ist. Dabei ist selber kochen gar nicht schwer und es muss auch nicht aufwendig sein, denn es gibt zahllose Rezepte für schnelle und gesunde Gerichte. Und wenn heute etwas vom Essen übrig ist, zauberst du am nächsten Tag etwas Neues daraus oder nimmst es für die Mittagspause mit zur Arbeit. So kontrollierst du nicht nur, was du zu dir nimmst, sondern vermeidest auch noch den Verpackungsmüll von Fertiggerichten oder Lieferpizza und schonst dein Budget.

Nutzen, was da ist

Gerade für die Küche gibt es tausende Utensilien, die spezielle Tätigkeiten beim Kochen wie etwa das Zwiebelschneiden oder das Eierkochen vereinfachen und beschleunigen sollen. Doch wenn wir ehrlich sind, könnten wir statt all dieser Spezialschneider und -töpfe und -behältnisse auch einfach die Messer und Töpfe und Dosen nehmen, die wir ohnehin besitzen, und damit neben barem Geld auch noch viel Platz in der Küche sparen.

Auch bei Küchengeräten sollte man auf Qualität setzen, um sie möglichst lange nutzen zu können. Und natürlich gibt es auch sinnvolle Utensilien wie Multifunktionsgeräte, die für mehrere Aufgaben geeignet sind und so viele Einzelgeräte ersetzen können. Eine solche Anschaffung kann sinnvoll sein, wenn man noch keines der anderen Geräte zuhause hat oder diese wieder gut loswerden kann.

117

Unverpackt und mit Stoffbeutel einkaufen

In sogenannten Unverpackt-Läden füllt man sich die Lebensmittel direkt in mitgebrachte Behälter wie Dosen oder Gläser ab und schleppt keine extra Verpackungen mit nach Hause. Beim Bäcker kannst du deinen eigenen Brotbeutel aus Stoff verwenden, im Supermarkt Obst- und Gemüsenetze statt der dünnen Plastiktüten sowie eine große Stofftasche oder einen Rucksack, um die Einkäufe nach Hause zu bringen.

Leitungswasser trinken

Egal ob aus einer Quelle in der Umgebung oder von weiter weg hergebracht: Abgefülltes Trinkwasser in Glas- oder Plastikflaschen ist um ein Vielfaches teurer als Leitungswasser, außerdem wird für die Produktion der Flaschen und Kästen und den Transport des Wassers zum Endkunden viel Energie aufgewendet. Plastikflaschen können zudem Weichmacher enthalten, die unter bestimmten Voraussetzungen ins Trinkwasser übergehen und unseren Körper belasten können.

Um sicherzugehen, dass dein Trinkwasser von guter Qualität ist, frage bei deiner Kommune nach den Trinkwasser-Analysewerten. Wem das nicht reicht, der kann einen Trinkwasserfilter verwenden und das Wasser aus dem Hahn vor Genuss hindurchlaufen lassen. Mit einem Wassersprudler kannst du Leitungswasser zudem nach Belieben mit Kohlensäure anreichern.

Kaffee brühen

Kaffeekapseln sind super praktisch! Auf Knopfdruck dampft in kürzester Zeit der Morgenkaffee auf dem Tisch, ob als Cappuccino, als Espresso, extra stark oder extra mild – den Variationen sind keine Grenzen gesetzt! Doch dieser Luxus geht mit einer Menge Müll und einem hohen Ressourcenverbrauch einher. Wenn du deinen Kaffee selbst aufbrühst – einfach und lecker mit einer der vielen verschiedenen Kaffeesorten und einem Kaffeefilter –, erhältst du eine Tasse schwarzen Genusses, die keinen schwer recyclebaren Müll produziert hat, denn der Filter und das Pulver können nach Gebrauch auf den Kompost. Noch ressourcenschonender sind Filter aus Metall oder eine French Press.

Standby-Modus vermeiden

Geräte, die bis zu ihrem nächsten Gebrauch in den Standby-Modus versetzt werden, verbrauchen mehr Strom, als man vielleicht annehmen würde. Besser ist es, die Geräte komplett auszuschalten, das spart nicht zuletzt Stromkosten. Alternativ gibt es sogenannte Master-Slave-Steckdosen, Mehrfachsteckdosen, die den Stromverbrauch intelligent steuern.

Coffee to go aus dem eigenen Becher

Ob auf dem Weg zur Arbeit oder einfach so zwischendurch: Manchmal hat man unterwegs das Bedürfnis nach einem schnellen Kaffee. Wie praktisch, dass es Coffee to go an jeder Ecke gibt! Das Dumme nur: Die Papp- oder Styroporbecher, die man dafür bekommt, können nicht recycelt werden. Sorge doch in Zukunft dafür, dass du stets deinen eigenen Becher dabei hast und diesen befüllen lassen kannst, das wird vielerorts sogar mit einem Rabatt belohnt.

 Reparieren und upcyceln

Wann immer es möglich ist, solltest du kaputte Dinge reparieren oder weiterverwenden. Der platte Fahrradreifen lässt sich flicken, die teuren Wollsocken können gestopft werden, und durchgescheuerte Stellen an Hosen oder Pullovern lassen sich mit hübschen Flicken sogar in kleine Hingucker verwandeln. Wenn eine Reparatur wirklich nicht mehr möglich ist, versuche etwas Neues aus dem kaputten Gegenstand zu machen, etwa Shorts aus langen Hosen oder Putzlappen aus Baumwollkleidungsstücken.

In sogenannten Repair Cafés ist Werkzeug und Material vorhanden, um Dinge wieder tragbar oder funktionstüchtig zu machen. Die Möglichkeiten reichen von der Ausbesserung von Kleidung bis hin zur Reparatur von Möbeln, elektrischen Geräten oder Fahrrädern. Freiwillige Helfer mit Fachwissen und Begabung unterstützen bei der Reparatur. Es geht also neben dem Erhalt von Gegenständen auch um den sozialen Kontakt und den Spaß daran, gemeinsam etwas zu schaffen.

119

So spare ich in Zukunft Energie, Geld und Ressourcen ein!

- [ ] _____
- [ ] _____
- [ ] _____
- [ ] _____
- [ ] _____
- [ ] _____
- [ ] _____
- [ ] _____
- [ ] _____
- [ ] _____
- [ ] _____
- [ ] _____
- [ ] _____
- [ ] _____
- [ ] _____
- [ ] _____
- [ ] _____

Papierkram erledigen – mit System!

Fast täglich flattert uns jede Menge Papierkram ins Haus: unerwünschte Werbung, abonnierte Zeitschriften, Rechnungen und Versicherungsunterlagen, Zeitungen. Und auch unterwegs sammeln wir Papiere wie Kassenbelege, Garantiescheine usw., die wichtig sein können für Garantieleistungen oder für die Steuererklärung. Mit einem durchdachten System schaffst du es, auch in diesem wichtigen Bereich des Alltags dauerhaft den Überblick zu behalten.

Wirksame Soforthilfen, um den Papierkram im Zaum zu halten, sind
- **ein Aufkleber „Bitte keine Werbung" am Briefkasten;**
- **ein fester Tag in der Woche, an dem du Zeitungen aussortierst;**
- **ein Tag pro Monat für das Aussortieren von Zeitschriften.**

SCHRITT 1:
EINGEHENDE POST SORTIEREN

Gehe die Eingangspost sofort bei Leerung des Briefkastens durch und sortiere vor:

1. *Kann weg!*
   Werbung, kostenlose Zeitungen, Coupons usw. gibst du direkt ins Altpapier.

2. *Zur Bearbeitung!*
   Rechnungen, offizielle Schreiben für Schule, Bank, Versicherung usw. erfordern eine Aktion von dir. Wenn die Angelegenheit dringend ist, kümmere dich sofort darum. Wenn noch etwas Zeit bleibt für die Erledigung, lege die Unterlagen in deinen Posteingang zur späteren Bearbeitung.

   Nutze dein Kalendersystem, um dich an Fristen und Termine für Zahlungen oder Antwortschreiben zu erinnern.

3. *Ablage!*
   Kaufbelege für größere Geräte mit Garantieleistungen, Unterlagen für die Steuererklärung, Dokumente von der Bank oder von Versicherungen, Arztunterlagen usw. legst du in ein gesondertes Fach für alle Dokumente, die du in deine Buchhaltung einsortieren musst.

SCHRITT 2:
ORDNUNGSSYSTEM ANLEGEN
UND KONSEQUENT NUTZEN

Richte dir ein Ordnungssystem ein mit Helfern
deiner Wahl, z. B.

❗ zum täglichen Vorsortieren und zum wöchentlichen Abarbeiten der Post: Ablagekörbe, Steh-
sammler oder Hängeregister

❗ zur dauerhaften Aufbewahrung von Unterlagen
und Dokumenten: Ordner

Achte bei der Anlage von Ordnern darauf, nicht zu
viele Einzelordner anzulegen: Fasse lieber Themen
zusammen und arbeite innerhalb der Ordner mit
Trennblättern und Registern. Lege die Ordner so an,
wie sie für dein Leben und deine Belange am hilf-
reichsten sind. Du kannst z. B. in einem Ordner „Versicherungen" alle Versicherungen von dir bzw. deiner
Familie sammeln: Krankenversicherungen, Autover-
sicherungen, Haftpflichtversicherung usw. Oder in
einem Ordner „Auto" – sinnvoll vor allem, wenn es
mehrere Fahrzeuge in eurem Haushalt gibt – alles
rund um die Fahrzeuge (dann gehören die Autover-
sicherungen ebenfalls hier rein).

Nützliche Ordner können sein:

❗ Persönliche Dokumente: Geburtsurkunde, Heirats-
urkunde, Sterbeurkunde …

❗ Beruf & Fortbildung: Zeugnisse, Weiterbildungen,
Bewerbungsunterlagen, Gehaltsabrechnungen …

❗ Bank: Kontounterlagen, Unterlagen zu Geldan-
lagen, Kreditverträgen, Bausparverträgen …

❗ Versicherungen

❗ Verträge: Mietvertrag, Nebenkostenabrechnungen,
Kommunikationsvertrag, Kaufverträge …

❗ Rechnungen & Garantien: Kassenbelege,
Garantiescheine …

❗ Fahrzeuge: Fahrzeugpapiere, Kfz-Steuerbescheide,
Versicherungsunterlagen, TÜV-Berichte …

❗ Gesundheit: Krankenversicherung, Arztberichte,
Impfpass, Mutterpass, Auslandskrankenschein,
Röntgenbilder …

❗ Altersvorsorge: Riesterrente,
Lebensversicherungen …

❗ Steuerunterlagen: Belege für
medizinische Ausgaben, haus-
haltsnahe Dienstleistungen …

123

**Wichtige
Dokumente wie
Urkunden, Versicherungs-
scheine, Zeugnisse,
ärztliche Gutachten etc.
sollten als Original
aufbewahrt werden.**

Nutze schlichte, einheitliche Ordner und versehe jeden mit einer eindeutigen Beschriftung zum Inhalt. Auch das Rückenschild sollte leicht austauschbar und nicht geklebt sein. Außerdem bietet sich ein „Color Coding" an: Ordne jedem Thema eine Farbe zu, um auf den ersten Blick zu sehen, wo was zu finden ist.

SCHRITT 3:
NOTFALLORDNER ANLEGEN

Für die wichtigsten Dokumente ist es ratsam, einen Notfallordner anzulegen, damit im Falle eines Unfalls oder des Todes die Angehörigen schnell alle notwendigen Unterlagen beisammen haben. Ein solcher Ordner sollte z. B. beinhalten:

! eine Liste der Versicherungen und Bankkonten,

! Vollmachten,

! Testament,

! Patientenverfügung.

Sein Aufbewahrungsort sollte in der Familie bekannt sein.

SCHRITT 4:
WÖCHENTLICH DEN PAPIERKRAM AUF VORDERMANN BRINGEN

1. Blocke dir ein festes Zeitfenster pro Woche, in dem du deine Unterlagen bearbeitest. Nutze dafür einen Raum, in dem du ungestört bist.
2. Erledige alle Zahlungen und beantworte Schreiben bzw. fülle Dokumente aus, die du zurückschicken musst, und mache diese versandfertig.
3. Sortiere alles, was abgelegt werden muss, nach den Themen deiner Ordner und hefte dann jeden Bereich ab: Lege die Unterlagen chronologisch ab, also die aktuellsten immer oben drauf.

Entsorge ältere Dokumente, die durch aktuellere ersetzt werden können, beachte dabei aber die unterschiedlichen Aufbewahrungsfristen für Verträge, Steuerunterlagen usw., die je nach Gesetzgebung und Status variieren. Informiere dich regelmäßig über den aktuellen Stand und notiere die Fristen z. B. auf der Innenseite des Ordnerdeckels.

SCHRITT 5:
DIE WICHTIGSTEN UNTERLAGEN DIGITALISIEREN

Scanne die wichtigsten Unterlagen ein, benenne die Scans eindeutig und speichere sie als PDF auf einem USB-Stick oder bei einem sicheren Cloud-Dienst. So hast Du von allem Sicherungskopien. Denke auch an regelmäßige Backups deiner Festplatte.

Für eine logische Ablage ist ein System notwendig, das durchgängig aufgebaut ist: Ordner auf dem Computer sollten genauso benannt werden wie die physischen Ordner, damit du sowohl digitale als auch papierne Unterlagen immer unter dem gleichen Namen wiederfindest.

Meine Tagesroutinen: Monatstracker

Monat: _____   20 _____

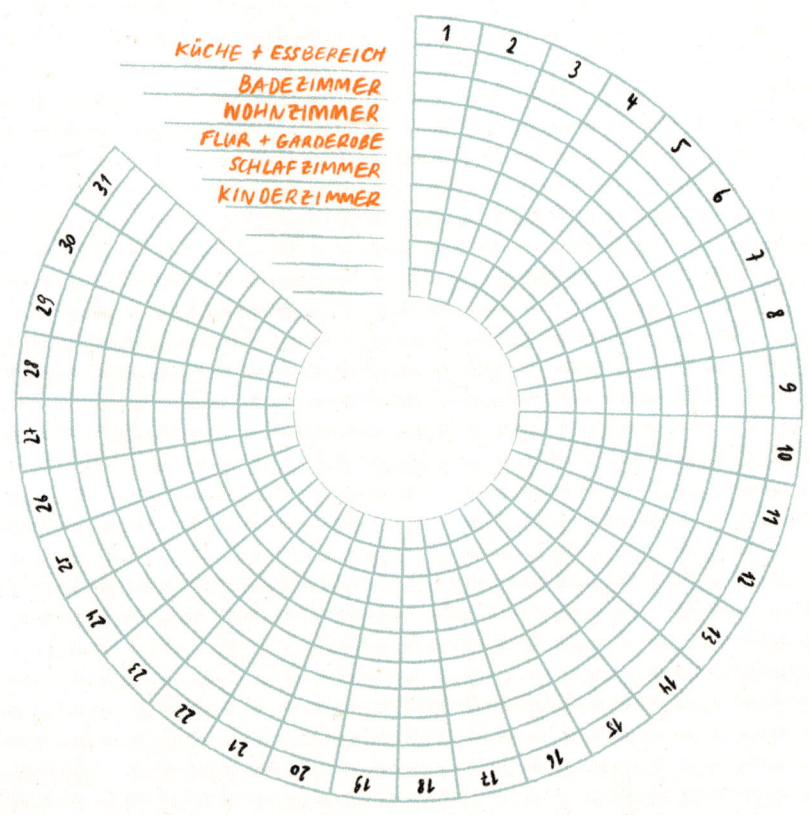

KÜCHE + ESSBEREICH
BADEZIMMER
WOHNZIMMER
FLUR + GARDEROBE
SCHLAFZIMMER
KINDERZIMMER

Die **neue Ordnung**
erhalten und tracken

Wenn du hier angekommen bist, hast du eine ganze Menge geschafft – du hast dich vom Chaos in deinem Zuhause befreit und eine Ordnung und ein Wohlfühlambiente in deinem Zuhause geschaffen, das dich freier atmen und denken lässt. Sei stolz auf das, was du erreicht hast, das ist eine großartige Leistung!

Mit den Trackern auf den nächsten Seiten wird es dir zukünftig leicht fallen, deine neuen Routinen und Gewohnheiten beizubehalten: Sie motivieren dich, indem sie dir ganz konkret zeigen, wie viele Tage du schon geschafft hast, und bieten dir gleichzeitig die Möglichkeit, dich selbst ein wenig zu kontrollieren und so dafür zu sorgen, dass dir die Routinen in Fleisch und Blut übergehen und du bald schon nicht mehr daran denken musst, am Abend noch einmal über den Badewannenrand zu wischen oder das benutzte Geschirr sofort nach dem Essen in die Maschine zu räumen – du wirst es einfach automatisch tun!

Nutze die hier abgebildeten Tracker als Vorlage, kopiere sie oder zeichne sie ab, oder entwerfe deine eigenen Formen und Systeme: Egal wie du es machst, wichtig ist nur, dass es für dich praktikabel und hilfreich ist!

Meine Tagesroutinen: Monatstracker

Monat: _____   **20** _____

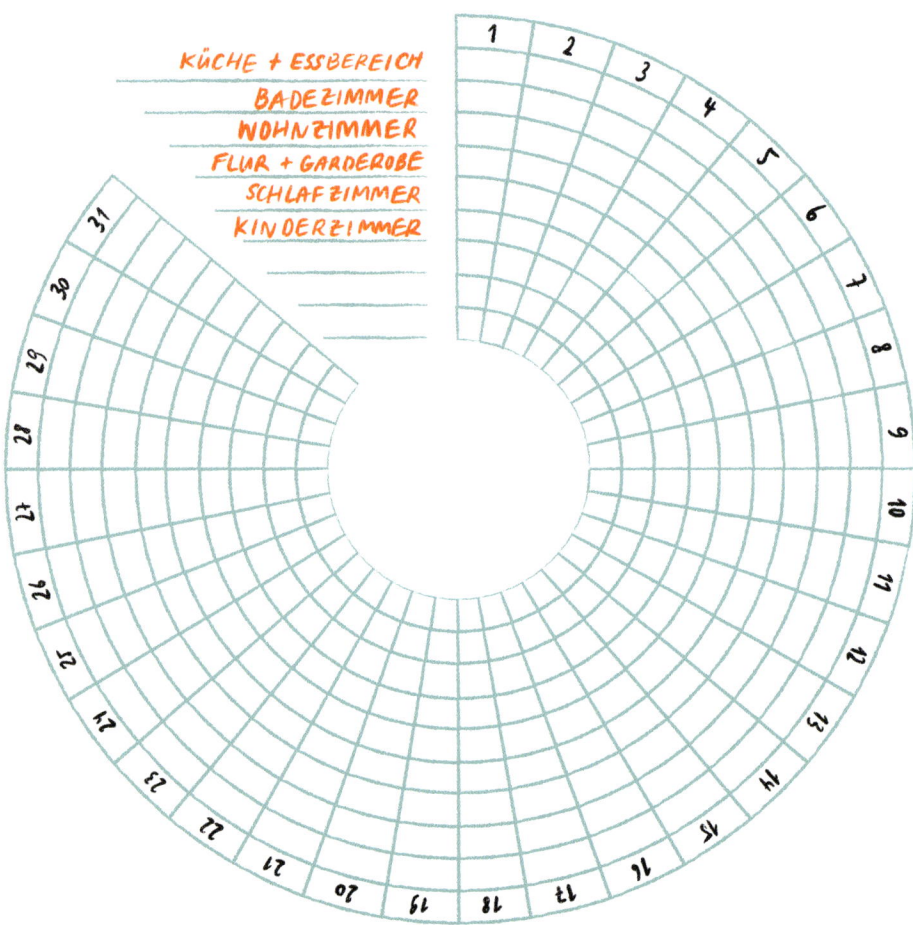

KÜCHE + ESSBEREICH
BADEZIMMER
WOHNZIMMER
FLUR + GARDEROBE
SCHLAFZIMMER
KINDERZIMMER

Mehr zu den Tagesroutinen und viele hilfreiche Checklisten findest du ab S. 54!

Meine Tagesroutinen: Monatstracker

Monat: _____ 20 _____

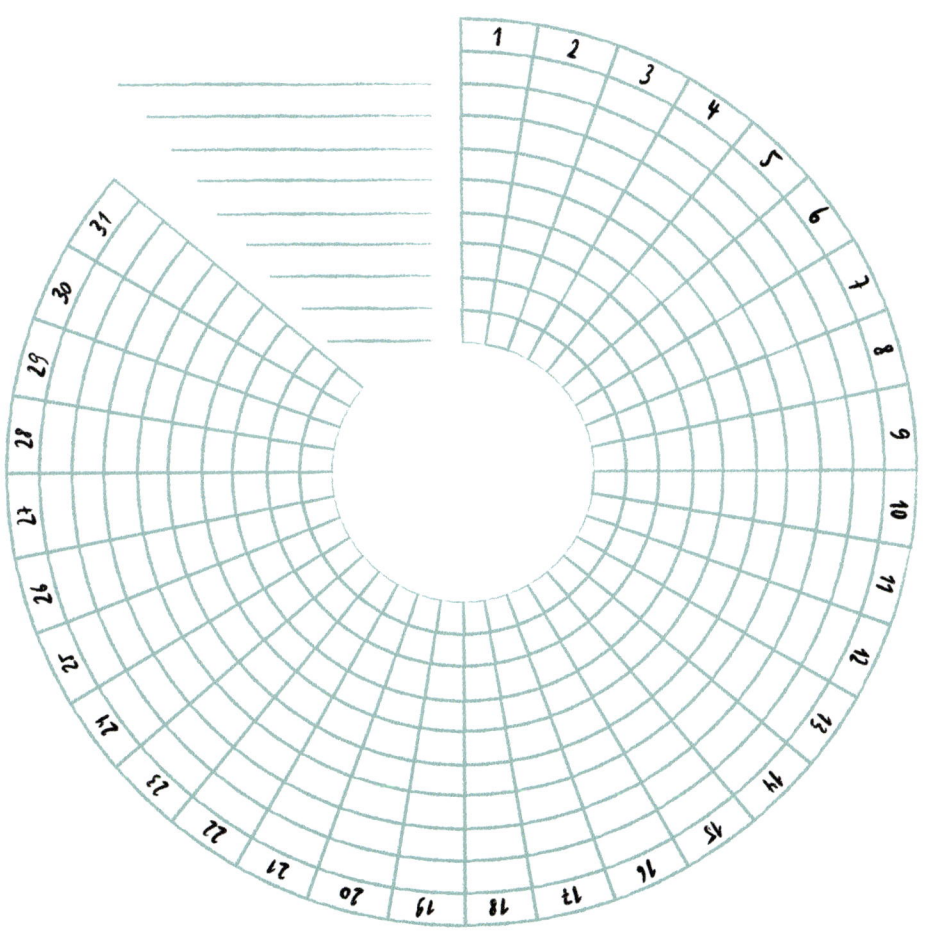

Meine Wochenroutinen: Jahrestracker

Jahr: 20 _____

WOCHE	1	2	3	4	5	6	7	8	9	10	11	12	13
KÜCHE + ESSZIMMER													
BADEZIMMER													
WOHNZIMMER													
FLUR + GARDEROBE													
SCHLAFZIMMER													
ARBEITSBEREICH													
KINDERZIMMER													
WASCHKÜCHE													
BALKON + TERASSE													
UNTERWEGS													

WOCHE	14	15	16	17	18	19	20	21	22	23	24	25	26
KÜCHE + ESSZIMMER													
BADEZIMMER													
WOHNZIMMER													
FLUR + GARDEROBE													
SCHLAFZIMMER													
ARBEITSBEREICH													
KINDERZIMMER													
WASCHKÜCHE													
BALKON + TERASSE													
UNTERWEGS													

WOCHE	27	28	29	30	31	32	33	34	35	36	37	38	39
KÜCHE + ESSZIMMER													
BADEZIMMER													
WOHNZIMMER													
FLUR + GARDEROBE													
SCHLAFZIMMER													
ARBEITSBEREICH													
KINDERZIMMER													
WASCHKÜCHE													
BALKON + TERASSE													
UNTERWEGS													

WOCHE	40	41	42	43	44	45	46	47	48	49	50	51	52
KÜCHE + ESSZIMMER													
BADEZIMMER													
WOHNZIMMER													
FLUR + GARDEROBE													
SCHLAFZIMMER													
ARBEITSBEREICH													
KINDERZIMMER													
WASCHKÜCHE													
BALKON + TERASSE													
UNTERWEGS													

131

Mehr zu den Wochenroutinen und hilfreiche Checklisten findest du ab S. 72!

Meine Finanzen: Monatstracker

Monat: _____ 20 _____

Ausgaben / Tag	1	2	3	4	5	6	7	8	9	10	11	12	13	14
Haus/Wohnung														
Miete / Tilgung														
Nebenkosten														
Strom														
Kommunikation & Medien														
Festnetz														
Handy														
Internet														
Abos														
Lebenshaltung														
Lebensmittel														
Hygieneartikel														
Putzmittel														
Bekleidung														
Sonstiges														
Arzt														
Medikamente														
Brille														
Sport & Freizeit														
Ausgehen														
Aktivitäten														
Sport														
Urlaub														
Friseur														
Kinder														
Taschengeld														
Betreuung														
Tagesmutter														
Nachhilfe														
Sport/Musik														

Mehr zum Umgang mit Finanzen
findest du ab S. 110!

15	16	17	18	19	20	21	22	23	24	25	26	27	28	29	30	31	Gesamt

Meine Finanzen: Jahrestracker

Jahr: 20 _____

Ausgaben / Monat	1	2	3	4	5
Bank & Versicherungen					
Hausrat					
Haftpflicht					
Unfall					
KFZ					
Rechtsschutz					
Kredite					
Raten					
Auto & Verkehr					
Leasing					
KFZ-Steuer					
Benzin					
Garage/Stellplatz					
Nahverkehr					
Gesamtsumme					
Einnahmen / Monat					
Gehalt					
Urlaubsgeld					
Weihnachtsgeld					
Rente / Pension					
Unterhalt					
− Gesamtsumme					
Differenz zu					
Gesamtsumme Ausgaben					
Möglicher Sparbetrag					

134

Mehr zum Umgang mit Finanzen findest du ab S. 110!

6	7	8	9	10	11	12

Mein Ressourcen-Einsparplan: Monatstracker

Mehr zu den Möglichkeiten, Geldbeutel und Ressourcen zu schonen, findest du ab S. 116!

Monat: _____   20 _____

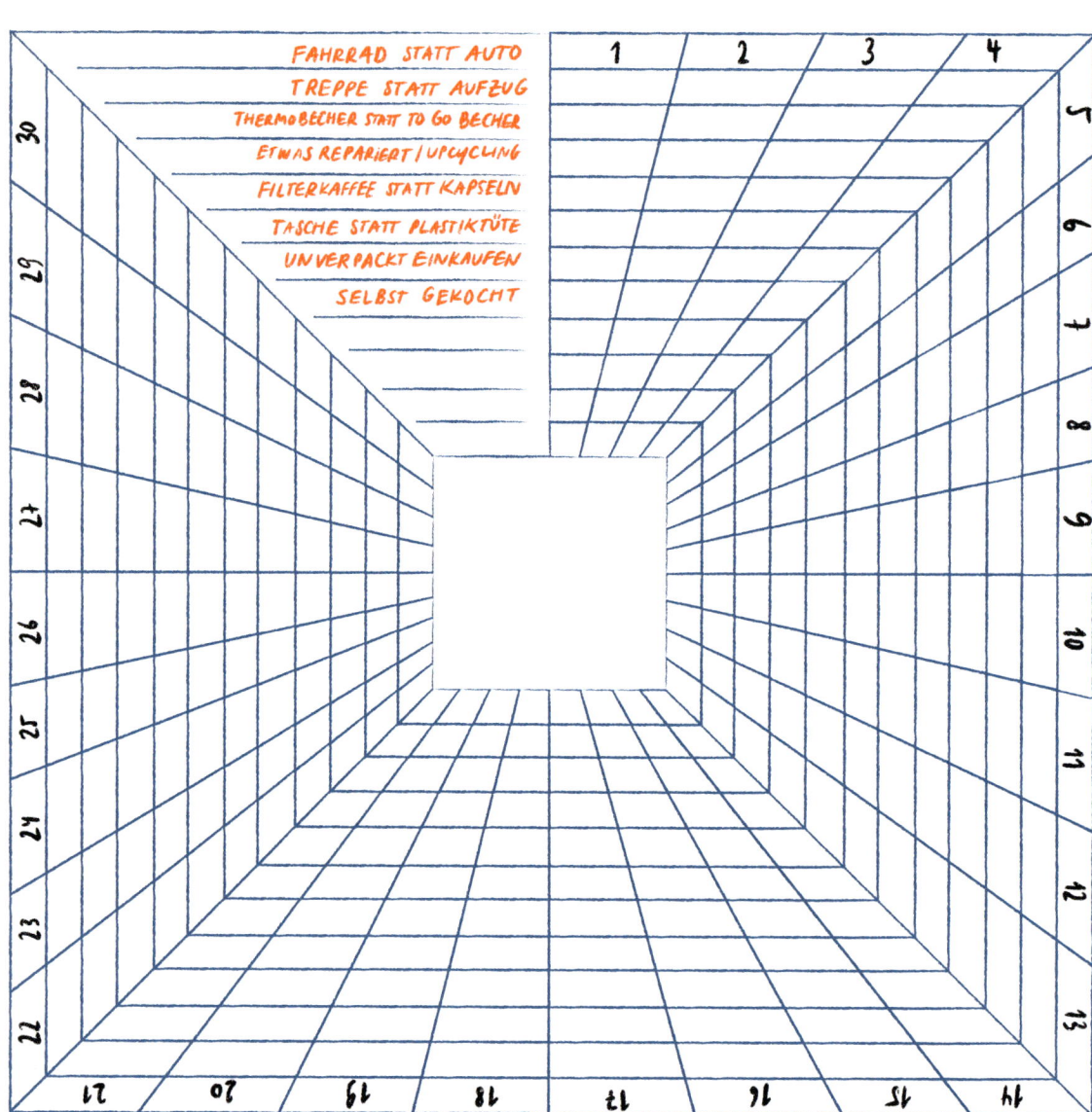

FAHRRAD STATT AUTO
TREPPE STATT AUFZUG
THERMOBECHER STATT TO GO BECHER
ETWAS REPARIERT / UPCYCLING
FILTERKAFFEE STATT KAPSELN
TASCHE STATT PLASTIKTÜTE
UNVERPACKT EINKAUFEN
SELBST GEKOCHT

136

Mein Ressourcen-Einsparplan: Monatstracker

Monat: _____ 20 _____

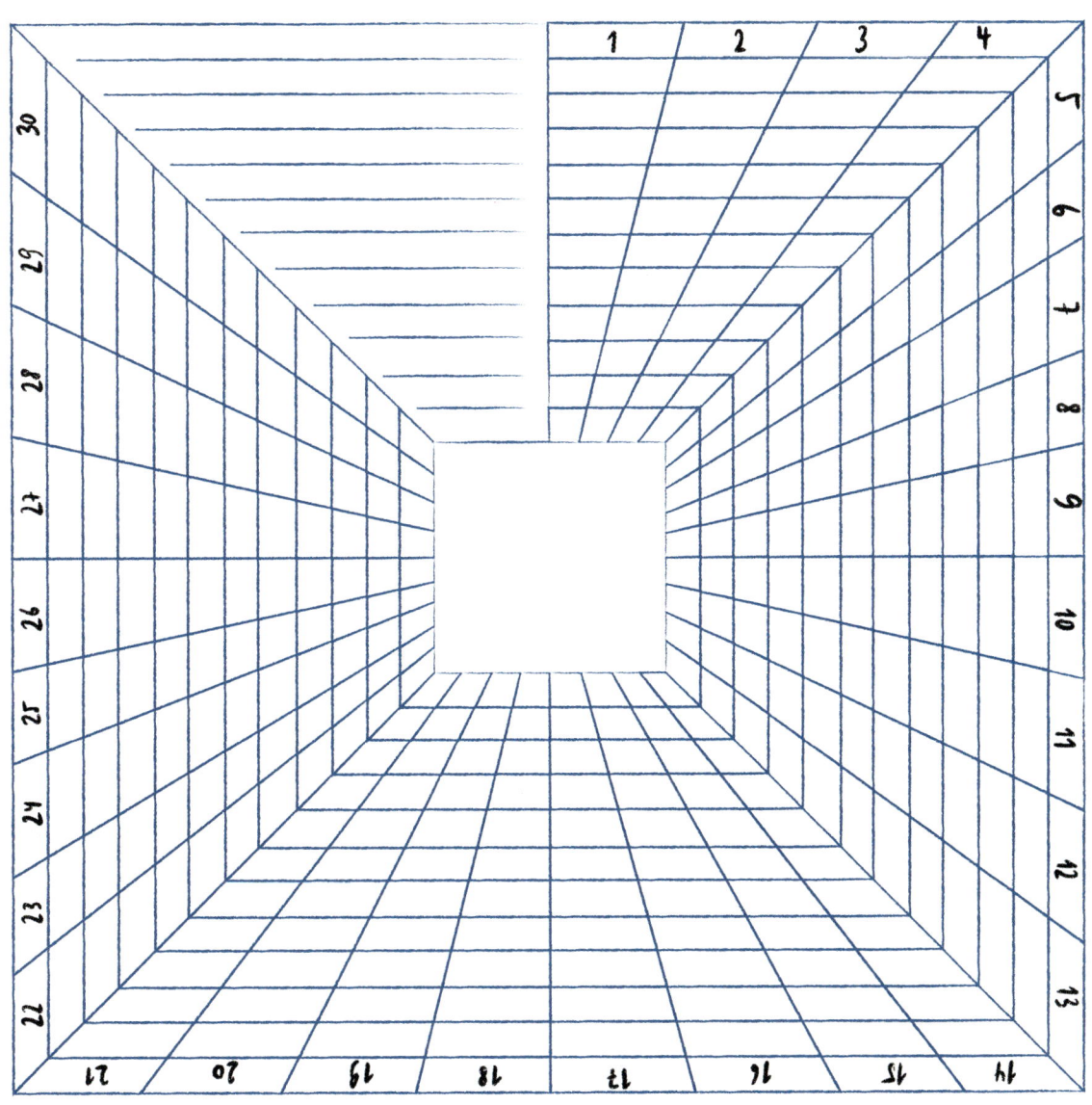

Buchempfehlungen für dich

Noch mehr kreative Bücher zum gleichen Thema gesucht?

978-3-7724-7157-5

978-3-7724-7172-8

978-3-7724-7164-3

978-3-7724-7168-1

978-3-7724-7148-3

978-3-7724-7806-2

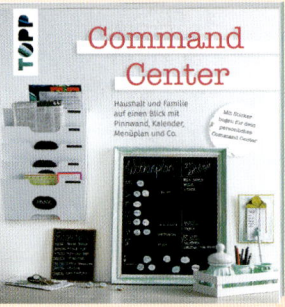

978-3-7724-7803-1

978-3-7724-7788-1

978-3-7724-7153-7

978-3-7724-7184-1

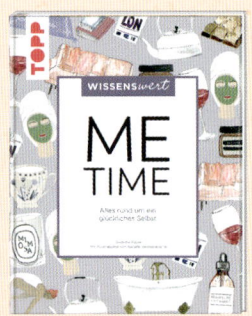

978-3-7724-7485-9

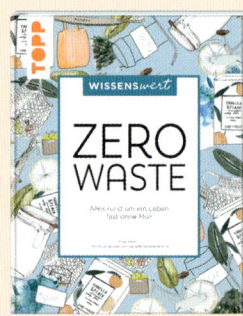

978-3-7724-7486-6

Noch mehr Kreativ-Bücher findest du auf www.TOPP-kreativ.de

#TOPPprojekt

Zeige allen, wie kreativ du bist. Teile dein TOPPprojekt mit anderen Kreativen und werde Teil der Gemeinschaft.

Du bist DIY-begeistert und auf Instagram? Mach mit! Hier siehst du, was andere machen, bekommst Tipps und Feedback zu deinen Projekten und wir verlosen jeden Monat ein Überraschungspaket. Um am Gewinnspiel teilzunehmen, poste ein Bild von deinem Kreativ-Projekt aus unseren Büchern mit #TOPPprojekt und folge unserem Account @frechverlag. Mehr Infos findest du auf **TOPP-kreativ.de/TOPPprojekt**

Mach mit beim
#TOPPPROJEKT
#TOPPprojekt
@frechverlag

Webseite
Auf TOPP-kreativ.de findest du unser riesiges Angebot von über 1.000 Kreativbüchern, Sets & mehr.

Newsletter
Hier erfährst du als Erstes von unseren Neuheiten und Sonderaktionen: TOPP-kreativ.de/newsletter

Instagram
@frechverlag

Pinterest
pinterest.com/frechverlag

Facebook
facebook.com/frechverlag

DigiBib
Hier erhältst du zusätzlich zu einigen unserer Bücher digitale Extras, wie Video-Tutorials, Plotter-Dateien, Vorlagen, Übungsblätter & vieles mehr.
Schau im Impressum deines TOPP-Buchs nach, ob dort ein Code vorhanden ist und schalte dir deine Inhalte frei: **TOPP-kreativ.de/digibib**

Youtube
youtube.com/frechverlag

ÜBER DIE AUTORIN

Bei Claudia Windfelder, der Haushaltsfee, geht es seit 2014 um Tipps und Strategien zur Vereinfachung des Haushalts. Das Thema Ausmisten ist ihre Leidenschaft. Nachdem sie sich selbst von Haus, Garten und viel Kram getrennt hat, fokussiert sie sich auf das, was ihr im Leben wirklich wichtig ist, und lebt den „Essentialismus". Die Teilnehmer ihres einzigartigen Online-Kurses „Haushaltsheldinnen" bekommen alles an die Hand, um ihren Haushalt zu entrümpeln, dauerhaft Ordnung zu halten, Klarheit zu gewinnen und ein befreiteres Leben zu führen. Wenn Claudia nicht am Arbeiten ist, genießt sie die Natur, ist sportlich aktiv, bereitet gesundes Essen zu und widmet sich ihrer persönlichen Entwicklung. Mehr zu Claudia findest du auf **haushaltsfee.org** und **claudia-windfelder.com**.

ILLUSTRATIONEN: Cloudy Thurstag, Berlin
TEXTE: Claudia Windfelder
PRODUKTMANAGEMENT UND LEKTORAT: Stephanie Iber
COVERGESTALTUNG: Sandra Preinl
LAYOUT UND SATZ: DOPPELPUNKT, Stuttgart
HERSTELLUNG: Sophia Höpfner
DRUCK UND BINDUNG: PNB Print Ltd, Lettland

2. Auflage 2020
© 2020 frechverlag GmbH, Turbinenstraße 7, 70499 Stuttgart
ISBN 978-3-7724-7166-7 • Best.-Nr. 7166